Oiseaux
de cage et de volière

Oiseaux
de cage et de volière

Texte de Stanislav Chvapil

Illustrations de Libuše et Jaromír Knotek

Gründ

Garantie de l'éditeur

Pour vous parvenir à son plus juste prix, cet ouvrage a fait l'objet d'un gros tirage. Malgré tous les soins apportés à sa fabrication, il est malheureusement possible qu'il comporte un défaut d'impression ou de façonnage. Dans ce cas, ce livre vous sera échangé sans frais.
Veuillez à cet effet le rapporter au libraire qui vous l'a vendu ou nous écrire à l'adresse ci-dessous en nous précisant la nature du défaut constaté. Dans l'un ou l'autre cas, il sera immédiatement fait droit à votre réclamation.
Librairie Gründ — 60, rue Mazarine — 75006 Paris

Cinquième tirage 1993
Traduction de Yvette Joye
Arrangement graphique par Jaromír Knotek

ISBN : 2-7000-1808-7
Imprimé en République tchèque par Svoboda, Prague
3/15/08/53-05

Conseils aux débutants

Quiconque décide d'élever des oiseaux d'ornement, doit tout d'abord bien estimer quelles sont les conditions qu'il pourra offrir à ses hôtes ailés. Habitant un appartement en ville sans jardin, il faudra choisir des espèces qui peuvent vivre à l'intérieur, sur un balcon ou une terrasse. On ne se donnera la société d'autres oiseaux que si l'on peut les installer en volière au moins pendant l'été. Il y a aussi une différence entre l'éleveur débutant mais passionné qui désire vraiment élever des oiseaux, et celui qui ne possédera qu'un seul oiseau, pour se distraire, pour avoir à qui parler. Mais un principe vaut pour tous les futurs éleveurs, c'est qu'il vaut mieux de commencer par des espèces d'oiseaux peu exigeantes, afin d'acquérir une indispensable expérience pour pouvoir se lancer ensuite dans l'élevage d'espèces plus rares mais aussi plus exigeantes. Parmi les oiseaux d'élevage aisé citons le canari, le bengali, le diamant, certaines espèces de faisans, le padda ou calfat, les tisserins, les perruches dont la Perruche à croupion jaune. C'est seulement après avoir décidé quelle espèce on va élever que l'on achètera ou bâtira les installations pour l'élevage, ainsi que tous les accessoires.

Installation des cages et volières

La cage : Si l'on veut garder en chambre un seul couple ou un petit nombre d'oiseaux, d'habitude on installe une cage. Une bonne cage est du genre caisse (1) avec l'avant grillagé. Les cages employées pour la nidification peuvent avoir leur plus petite porte sur le côté, c'est par là que l'on introduira le nichoir, les cagettes, etc. Les cages rondes, avec de petites tourelles et autres ornementations ne conviennent absolument pas. L'agencement intérieur de la cage sera adapté aux besoins de l'espèce qui y sera installée.

Il est un principe essentiel, c'est que plus grande est la cage, plus elle convient à la santé des oiseaux. Les dimensions minimales d'une cage devraient être de 100 × 40 × 70 cm. Les barreaux d'une cage pour astrildidés doivent être situés à une distance de 10 à 12 mm. Pour les plus grandes espèces, il faudra toujours que la distance entre les barreaux ne permette pas à l'oiseau d'y passer la tête. Au lieu de la disposition traditionnellement verticale des barreaux, certains éleveurs recommandent l'horizontale. Ainsi, les oiseaux s'observent mieux, et ne s'y usent pas tant les plumes de la queue. Les cages de plus grandes dimensions sont en général tendues de treillis. Pour enduire les barreaux de fil de fer ou le treillis, on emploiera toujours une peinture noire non toxique. On placera dans la cage quelques fortes branches de pommier, saule, bouleau, ou un perchoir fait d'une baguette de coudrier, de frêne, de sureau noir, etc. Il est important de ne pas mettre trop de perchoirs dans la cage : l'oiseau doit pouvoir y voler, et non pas sauter, et il faut veiller à ce que les perchoirs ne soient pas souillés par la fiente. Si ces branchettes sont placées trop près des parois, l'oiseau pourra y user ou se briser les plumes de la queue. Le perchoir ne sera jamais assez fin pour que l'oiseau puisse le saisir complètement entre ses ongles. Sur le fond de la cage, on étalera une couche

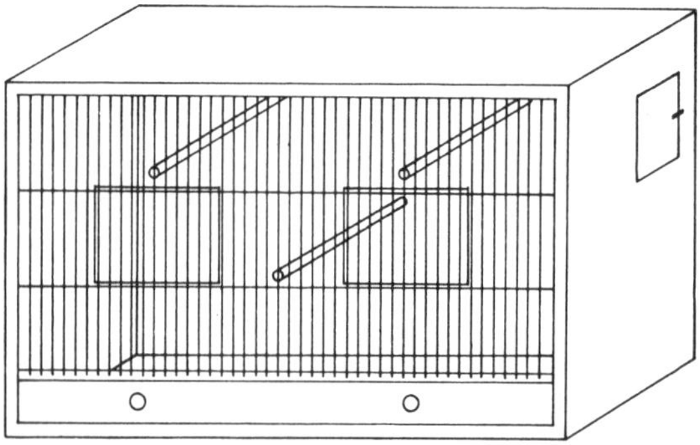

1. Cage-caisse avec paroi antérieure grillagée, et une ou deux petites portes. Parfois la petite porte est latérale. Le fond est double et amovible pour permettre un nettoyage facile.

de sable de rivière, pour les espèces à fiente liquide on placera un papier ou de la tourbe que l'on remplacera journellement. Dans les cages destinées à la nidification de petits oiseaux chanteurs, en plus des perchoirs on placera quelques brins d'osier ou des branchettes de conifères dans lesquels l'oiseau pourra établir son nid. En entourant le bas de la cage d'une plaque de verre, on évitera partiellement l'éclaboussement des alentours par des fientes et des déchets de nourriture, balle de graines, etc. Pour le bain, on accrochera une petite baignoire extérieure, mais dans une cage plus spacieuse on placera au fond une assez large coupelle remplie d'eau.

L'endroit où sera placée la cage est très important. Elle doit y être en permanence, car les oiseaux s'habituent vite à leur place, et tout changement leur est désagréable.

Les cages avec parois de verre ou avec seulement la paroi antérieure en verre, nous les appellerons cages vitrines. Plus la vitrine sera grande, mieux cela vaudra. Pour une bonne circulation de l'air, seules les parties inférieures des parois seront en verre, les moitiés supérieures des parois latérales et le plafond seront en treillis, parfois même en organsin. Les parois de verre doivent s'enlever aisément, pour permettre un bon nettoyage. En calculant bien l'endroit où l'on va placer perchoirs, plats à nourriture et coupelles pour le bain et la boisson, on évitera beaucoup la saleté et l'on se facilitera grandement la tâche du maintien de la propreté. La meilleure armature de vitrine sera en bois, et autant que possible de la même couleur que le mobilier de la pièce où elle se trouve. La peinture intérieure de la cage, surtout celle de la paroi fixe du fond, sera d'une couleur claire non toxique. L'intérieur même sera éclairé par une ampoule, lampe à incandescence, à luminescence ou infrarouge. Cette source électrique sera protégée par un morceau de plexiglas. L'intérieur de la vitrine sera constamment garni de plantes vertes résistantes, non vénéneuses, comme la mousse, etc. L'ensemble en paraîtra très decoratif. Il faut toutefois s'attendre à ce que les oiseaux détériorent rapidement cette verdure, il faut donc être prêt à la remplacer souvent. On peut dire d'une vitrine que pour jolie et agréable à la vue qu'elle soit, elle n'est pas appropriée à un élevage méthodique de petits oiseaux chanteurs.

Le perchoir convient à un grand perroquet, parfaitement apprivoisé. C'est essentiellement une grosse branche ou un arbre miniature où l'oiseau peut grimper. La grandeur et la hauteur sont à déterminer soigneusement. On enfoncera le perchoir dans un support en bois garni de tôle et rempli de sable où tomberont les fientes et les déchets de nourriture. On accrochera solidement au perchoir les plateaux de porcelaine avec la nourriture et l'eau. Le perchoir convient particulièrement à l'ara, l'amazone, le cacatoès et les grandes espèces de loris. Il arrive cependant qu'il faille beaucoup de temps au perroquet avant qu'il s'habitue à son perchoir. Pour la nuit, on mettra les oiseaux en cage. Parfois, le perroquet est attaché au perchoir par une petite chaîne entourant sa patte, ce qui ne convient absolument pas du point de vue esthétique, humanitaire ou sanitaire.

La volière de jardin représente l'idéal pour l'élevage des oiseaux. Avant de la construire, il faut une fois encore bien décider de quelle espèce d'oiseau on veut faire l'élevage. Divers types de volières se différencient dans le détail comme dans les dimensions. On peut ranger plusieurs volières l'une à côté de l'autre ou en installer une seule, selon les possibilités du terrain et le goût de l'éleveur. Toute volière comportera deux parties principales — l'espace d'envol extérieur et l'espace couvert intérieur, ou tout au moins protégé par un petit toit. La volière doit être plus profonde que large. Les dimensions convenables pour une volière abritant de grands perroquets sont données sur le croquis (2). La volière sera bâtie sur une base en dur, le mieux sera le béton, enfoncée dans le sol d'au moins 50 cm. Pour les très grands oiseaux (à l'exception des faisans), une hauteur de 2 m à 2,50 m suffit. La carcasse extérieure sera en bois ou en tubes de métal. Cette carcasse sera tendue de treillis, dont les mailles correspondront à la taille des oiseaux. La résistance du treillis dépend évidemment de l'épaisseur du fil de fer. Ce treillis sera protégé par un enduit qui peut être un vernis bitumeux. Pour la construction de la partie intérieure couverte, on peut employer des briques, du bois, de l'Eternit, etc. On veillera toujours à bien isoler cet endroit et qu'il soit à l'abri des souris. On séparera l'espace d'envol de l'espace intérieur par une cloison doublement vitrée ou construite en briques de verre, afin que la lumière puisse pénétrer dans l'espace intérieur. Au tiers supérieur, on placera l'ouverture d'envol qui doit être tout juste assez grande pour que les oiseaux y passent sans risque de se blesser. Le mieux, pour fermer cette ouverture, sera, une tôle assez forte actionnée par un solide fil de nylon passant dans une poulie placée au-dessus de la partie réservée au vol, accrochée à la paroi antérieure. Le plus important, c'est que la partie intérieure soit bien isolée par un toit, afin de ne pas être surchauffée en été. Pour l'isolation, on utilisera le polystyrène, la laine de verre ou tout autre matière isolante.

Si l'on place plusieurs volières l'une à côté de l'autre, on installera un couloir d'alimentation et de manipulation derrière la partie intérieure (3). On peut y installer un chauffage, et diffuser la chaleur par des tuyaux dans le dessous de la partie intérieure de la volière. Le couloir d'alimentation et la partie intérieure de la volière doivent être également bien éclairés, surtout l'hiver où la lumière aidera à prolonger artificiellement le jour. On éclairera systématiquement tôt le matin, c'est pourquoi il est bon d'installer un interrupteur automatique qui allumera l'installation régulièrement.

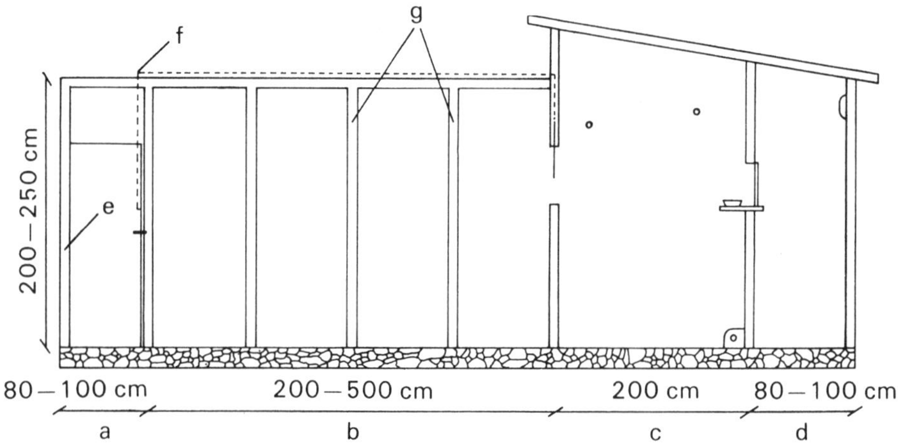

2. Vue latérale d'une volière extérieure pour grandes espèces de psittacidés : a — couloir de protection, b — espace extérieur d'envol, c — espace intérieur couvert, d — couloir de manipulation, e — hauteur de la volière, f — fil de nylon pour le maniement, g — construction portable de la volière, en métal ou en bois.

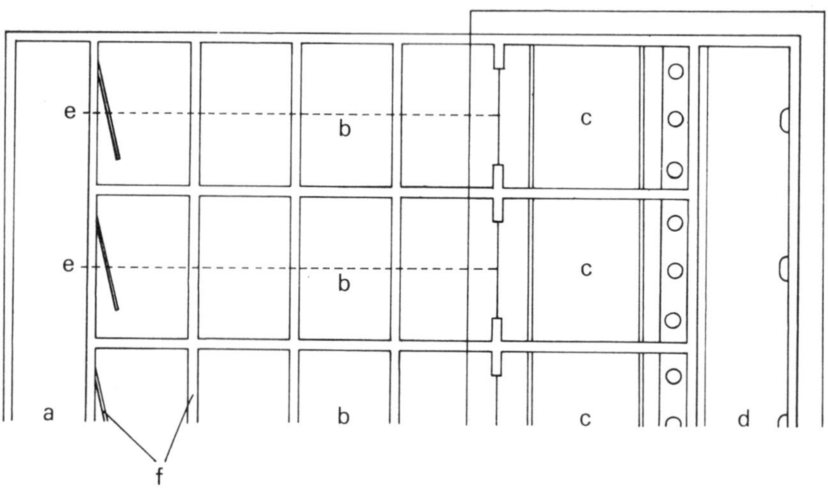

3. Vue d'en haut de volières rangées l'une à côté de l'autre, à l'extérieur, pour grandes espèces de psittacidés : a — couloir de protection, b — espaces extérieurs d'envol, c — espaces intérieurs couverts, d — couloir de manipulation, e — fil de nylon pour le maniement, f — construction portable des volières.

Pendant la plus grande partie de l'année, on introduira la nourriture dans la partie intérieure de la volière par l'ouverture du couloir d'alimentation. De ce couloir, on peut passer dans chaque volière par une porte, et dans la cloison il y a une ouverture d'observation. Devant la partie de la volière où peuvent voler les oiseaux, on peut établir un passage qui protègera de l'effet direct du vent venant d'en face et protègera cet espace de vol contre les éventuels prédateurs, surtout les chats. De ce couloir on pourra bien observer les oiseaux, et en été on pourra les nourrir par là. Autour de la partie extérieure d'une volière à faisans et autres gallinacés, on élèvera un mur de 40 à 100 cm de hauteur, qui protègera les oiseaux du vent et autres perturbations atmosphériques.

L'installation intérieure d'une volière dépendra de l'espèce d'oiseaux dont on envisage l'élevage. Toutefois, on n'y introduira que ce qui est absolument nécessaire (mangeoires, abreuvoirs, etc.). Les oiseaux doivent avoir le plus possible de possibilités de mouvement, c'est pourquoi on réfléchira bien aux plantations que l' on fera dans la volière. On ne plantera rien dans une volière à psittacidés. Pour les phasianidés, on peut planter des buissons ou de petits arbres que l'on taillera régulièrement. Pour ces espèces d'oiseaux, il n'est pas nécessaire de séparer l'espace couvert de l'espace de vol. Les plantes qui conviennent à une volière sont, par exemple, le buis, le thuya, le genévrier, l'épicéa, le charme, le hêtre, le chêne. Pour les oiseaux chanteurs, outre ces plantations, celles qui conviennent le mieux sont la symphorine, le groseillier, le sureau, le saule, le troène, et parmi les plantes grimpantes le houblon, le polygonum ou renouée, la calystégie grand liseron des haies et autres. Sur le fond en terre de la volière, on sème de l'herbe. Pour les oiseaux chanteurs, on peut installer dans l'herbe un bassin en béton, un jet d'eau ou un abreuvoir auto-nettoyant, soit un bassin miniature à eau courante qui emporte les saletés flottantes. Autour de la volière on fera des plantations afin qu'elle n'ait pas l'air dénudé. Aux coins conviennent les plantes grimpantes, par exemple une clématite, de hautes touffes d'herbe ornementale et devant la volière on plantera des rosiers, des salvias, des bégonias, etc.

Une volière extérieure peut tout aussi bien s'installer sur un balcon ou une terrasse, il vaudra mieux qu'elle soit orientée au sud, mais l'ouest et l'est peuvent également convenir. L'important, c'est que la volière soit protégée contre le vent et abritée de la pluie par un toit. Ceci s'applique en général à toute volière extérieure. La petite porte doit en être bien assujettie afin que les oiseaux ne puissent s'envoler. Il est recommandé d'établir une petite antichambre devant la porte d'entrée de la volière.

Dans la maison, on peut installer une volière dans les pièces habitées ou au grenier. Dans les appartements, une volière bien aménagée est très décorative. Sa grandeur dépendra évidemment de l'espace disponible. Le plancher de la pièce peut être le fond de la volière, et le plafond son toit. La construction sera en métal ou en bois. La base de la volière aura environ 20 cm de haut, et le fond lui-même sera d'une seule pièce, sans aucune fente. L'armature de la volière sera tendue de treillis, mais la paroi de devant peut aussi bien être vitrée, une paroi latérale et celle du fond étant constituées par les murs de la maison. La porte d'entrée de la volière sera toujours située latéralement.

L'intérieur doit disposer d'une bonne lumière, soit naturelle, soit artificielle. Si l'on garde en volière d'appartement un petit groupe d'oiseaux chanteurs, il faut y placer des buissons de plantes vivaces dans des pots de grande taille. Sur l'une des parois de la volière on étalera une branche bien ramifiée : le bois qui convient le mieux est le pin. Sur le côté opposé, on accrochera une autre branche et une touffe de brins d'osier. Les oiseaux enfouissent volontiers leur nid dans ces entrelacs de verdure.

La chambre aux oiseaux est une chambre complète, organisée en volière, où les oiseaux évoluent en liberté. Une telle chambre a l'avantage d'être facile à chauffer, et les petits volatiles y sont bien à l'abri de la pluie, des brouillards et autres intempéries. Dans une telle chambre, la fenêtre doit être aussi grande que possible, et orientée à l'est ou au sud afin que les oiseaux y reçoivent assez de rayons du soleil. Devant cette fenêtre, on placera un cadre avec un grillage épais, afin de pouvoir aérer souvent et laisser grand ouvert tout au long de l'été. Durant les mois d'été, on pourra même accrocher à l'extérieur, devant la fenêtre, une cage où les oiseaux pourront passer et s'exposer aux rayons du soleil aussi bien qu'à une pluie douce et bienfaisante. Les murs d'une telle chambre-volière seront enduits d'une peinture blanche ou chaulés. Par mesure d'hygiène cette peinture sera renouvelée tous les ans, avec adjonction d'un produit désinfectant dans l'enduit. A l'automne et en hiver, on prolongera le jour des oiseaux par un éclairage artificiel. Chaque source de lumière ou de chaleur sera protégée par un grillage.

Quant à l'installation intérieure, on procèdera comme pour une volière d'appartement ou de jardin, en tenant avant tout compte de l'espèce d'oiseaux que l'on veut y garder. Sur une partie du sol, qui doit être imperméable et exempt de crevasses, on étalera du sable de rivière bien propre, et une partie sera recouverte de tourbe ou de sciure de bois. Si en entrant dans la chambre des oiseaux, ceux-ci risquent de s'envoler dès l'ouverture de la porte, on dressera à l'intérieur, devant cette porte, un montage de treillis qui fera office d'antichambre.

Achat, manipulation et transport des oiseaux

Une fois l'installation terminée, on se procurera les oiseaux. Un éleveur débutant devrait commencer par l'élevage d'espèces courantes, d'un prix assez peu élevé, qui lui permettra d'acquérir une certaine expérience. Si l'on peut, on ira personnellement choisir les oiseaux, dans un magasin spécialisé ou directement chez un éleveur. Pour l'élevage, on achète les oiseaux par couples, donnant toujours la préférence aux petits d'élevage que l'on conduira jusqu'à l'âge adulte. Il est bon d'acquérir plusieurs individus non apparentés d'une espèce, et de leur permettre de se choisir eux-mêmes leur partenaire. Au moment de l'achat, tout d'abord on observera bien l'attitude des petits volatiles, puis leur aspect extérieur. Des plumes lisses, bien fournies, l'œil clair et la vivacité de l'oiseau témoignent de son bon état de santé.

Pour avoir l'oiseau dans sa main, il convient de s'y prendre avec précaution car le fait d'être saisi provoque chez tout oiseau une panique physique et

4. Support en bois.

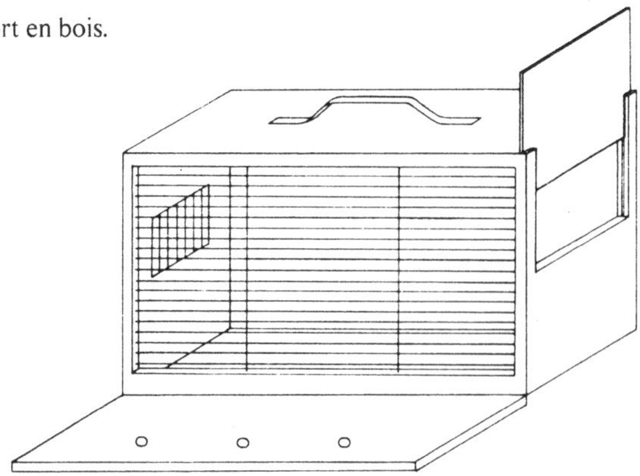

psychique. C'est avec un filet pareil à celui des entomologistes que l'on saisit les oiseaux avec le moins de dommages possibles. Une fois saisi, on garde l'oiseau en main et on l'examine : a-t-il le bec en bon état, n'est-t-il pas trop maigre et a-t-il les plumes autour du croupion propres et sèches. On vérifiera aussi ses pattes, on verra si tous les doigts et les ongles sont en bon état. On s'informera auprès du vendeur des besoins de l'oiseau, de la façon de l'alimenter et de l'espèce de nourriture, de ses manifestations extérieures, etc.

Pour transporter les oiseaux, le plus commode est la petite boîte spéciale en bois (4). On achète une telle boîte dans les magasins spécialisés ou on se la fabrique soi-même en planches minces ou en contre-plaqué de 1,5 à 2 cm d'épaisseur. Jusqu'à mi-hauteur de l'une des parois on enchâsse un petit grillage en fil de fer ou en treillis. La force du fil de fer correspondra à l'espèce d'oiseaux transportés. Certaines caissettes pour le transport sont munies, devant le petit grillage, d'une paroi opaque avec quelques trous d'aération. La petite porte se fermera en toute sécurité, et au besoin elle sera vissée. La grandeur de la boîte dépendra évidemment de la taille des oiseaux. On y placera ces derniers manuellement. On les transporte individuellement ou en groupes, selon l'espèce et la façon dont ils se supportent. On peut aussi fabriquer une boîte pour le transport avec quelques compartiments. Pour une expédition des oiseaux par la poste, on mettra dans la caissette un peu de nourriture et des fruits, le meilleur étant la pomme, et dans certains cas un récipient avec de l'eau. Dans ce cas on mettra une éponge dans l'eau pour éviter qu'elle se répande.

Les oiseaux récemment acquis ne seront pas immédiatement lâchés parmi les autres, on les laissera dans une cage particulière pour les observer durant quelques jours. Pour les introduire parmi les autres, on ne les prendra pas à la main, mais on attendra, après avoir ouvert la petite porte, qu'ils sortent d'eux-mêmes. On leur donnera à manger, au début, la nourriture à laquelle ils étaient habitués. Il est bon, également, d'envoyer au vétérinaire leurs fientes, aux fins d'analyse.

Quarantaine et acclimatation

Si l'on a importé des oiseaux de l'étranger ou si l'on a acheté des oiseaux à une firme d'importation d'un pays étranger, on les placera en quarantaine. La durée de cette quarantaine dépend de l'espèce d'oiseaux, elle est réglementée par des instructions vétérinaires. C'est une prévention contre l'introduction de maladies infectieuses ou parasitaires au sein de l'élevage.

La quarantaine sera établie en un endroit complètement séparé de celui où vivent les autres oiseaux. On y maintiendra une température de 20 à 25° C. Sur le fond de la cage de quarantaine on étalera un journal, que l'on changera quotidiennement. Petit à petit, il faut acclimater les oiseaux récemment importés et les adapter aux nouvelles conditions de vie que nous pouvons leur offrir. On les habituera graduellement à la nourriture qui leur convient le mieux en captivité. On leur donnera à boire une infusion de camomille ou du thé. Ces infusions seront allégées peu à peu pour finir par n'être plus que de l'eau pure. La température, elle aussi, sera abaissée progressivement. Ce sont les oiseaux en quarantaine que l'on soignera toujours en dernier, afin de ne pas transmettre une infection éventuelle aux oiseaux sains de l'élevage. On veillera tout particulièrement à leur hygiène personnelle. La plupart des oiseaux bien acclimatés sont ensuite résistants, et peu sensibles aux changements de leurs conditions initiales de vie.

Alimentation et nourriture des oiseaux

C'est de la nourriture que les oiseaux tirent leur énergie, les matières nécessaires à la structure de leur corps et à assurer le fonctionnement de leurs différents organes. Tout éleveur doit s'efforcer de présenter à ses pupilles la nourriture la plus variée et la meilleure possible. Seule la valeur biologique de l'alimentation assurera le bon état de santé des oiseaux, elle influe fortement aussi sur une série d'autres facteurs. Et même si l'on consacre le plus grand soin à son alimentation, jamais ne sera fourni à l'oiseau, même de près, l'éventail immense de nourriture qu'il peut choisir dans la nature.

Dans l'alimentation des oiseaux, il faut observer quelques règles fondamentales: la ration doit comporter une suffisante variété. Chaque éleveur doit observer ce que ses pensionnaires acceptent le plus volontiers. Il faut toujours offrir aux oiseaux un assortiment aussi riche que possible. La nourriture doit être fraîche, propre et vierge de toute admixtion. La verdure sera lavée à fond et bien rincée. Etablir la ration quotidienne d'un oiseau n'est pas chose simple. Chaque espèce a ses besoins propres, et encore ces besoins varient-ils aux cours des diverses étapes de l'élevage. C'est surtout au moment où ils nidifient que les oiseaux sont le plus exigeants quant à la composition de leur alimentation.

Au point de vue pratique, on peut répartir l'alimentation des oiseaux en cinq groupes principaux :

1) **Nourriture d'origine végétale** : c'est la principale source de glucides ou hydrates de carbone, d'albumine d'origine végétale, de vitamines, de matières

minérales et d'eau. C'est la nourriture de base de la plupart des colombidés, des gallinacés, des perroquets et oiseaux chanteurs. Elle est surtout fournie par les graines. Ces dernières contiennent à des degrés divers des matières azotées, peu de corps gras et leurs fibres agissent favorablement sur le transit digestif. Les graines contiennent des matières minérales, surtout du phosphore, des vitamines du groupe B et parfois aussi des groupes A et D, et dans les graines germées il y a de la vitamine E.

La verdure est une importante composante de l'alimentation des oiseaux. Presque toutes les espèces en ont besoin. Sa valeur nutritive réside surtout en l'iode, le chlorure de sodium, le manganèse et les vitamines. Les oiseaux ont absolument besoin de fruits, de verdure et de diverses baies. Dans la pratique, on offrira à toutes les espèces d'oiseaux, et durant toute l'année, des pommes et des poires; en saison, des abricots, des pêches, toutes les prunes, des groseilles à maquereau, des groseilles rouges, du raisin, des fraises. A certains perroquets et aux colombidés on donnera également des bananes, des oranges, des figues et autres fruits tropicaux. On offrira toujours les fruits en petites quantités, et l'on observera régulièrement les fientes pour vérifier qu'il n'y a point de diarrhée. La carotte *(Daucus)* est un aliment très important. Elle a une teneur élevée en carotène, beaucoup de sucre et une action diététique favorable. Elle convient pratiquement à toutes les espèces. On la donne entière ou râpée au mixeur. Les branches fraîches que l'on donne aux perroquets ont une importance particulière car en les grignotant les oiseaux absorbent de la cellulose, des éléments nécessaires et des vitamines. On donnera la préférence aux branches d'arbres fruitiers, de saule et d'érable.

2) **Nourriture d'origine animale** : c'est la principale source d'hydrates de carbone nécessaires surtout au moment de la formation d'un jeune organisme. On ne peut la remplacer par aucune autre matière. Elle est très importante à l'époque de la reproduction et de la croissance des petits. Outre les insectes à leurs divers stades d'évolution comme les larves, les enchytrées *(Enchytraeus albidus)* et cladocères *(Cladocera),* on offrira également aux oiseaux du lait bouilli, sucré, sans odeur, car c'est une très riche source en hydrates de carbone, ainsi que des œufs et du miel. L'œuf de poule contient 12 % d'hydrates de carbone, environ 12 % de graisses, 15 % de sels minéraux et 7 % d'eau, et il est très riche en vitamines. Certains oiseaux absorbent l'œuf cru, mais le plus souvent on le leur donne cuit et dur. On prépare une pâtée à l'œuf en mélangeant de l'œuf dur écrasé, de la biscotte et de la carotte râpée. On peut ajouter à ce mélange un hachis de mouron des oiseaux, ortie, laiteron, etc. On améliorera encore la pâtée par une adjonction d'œufs de fourmis, d'éphémères séchés *(Ephemoptera),* de larves de ténébrions ou vers de farine, et l'on obtiendra une pâtée pour rossignols. Par contre, si on adjoint du fromage blanc râpé, de la viande crue ou cuite, moulue ou hachée et diverses baies, on obtiendra un mélange pour grives. Le miel d'abeilles a un effet antibiotique et contient 75 % de sucre. On l'administrera sous forme d'eau miellée, comme boisson, à raison d'une cuiller à soupe de miel pour un litre d'eau.

3) **Vitamines et matières minérales** : ne constituent pas une source d'énergie, mais sont absolument indispensables à la vie. Les oiseaux qui reçoivent

une nourriture abondante et variée, et qui vivent en milieu ensoleillé, trouvent toutes les vitamines nécessaires dans leur nourriture, et ne souffrent pas d'avitaminose. Les insuffisances sont toujours en vitamines A, B, D et E. La vitamine A augmente la résistance aux infections et on la fournit aux oiseaux dans la carotte, les légumes frais, l'ortie, le jaune d'œuf, la graisse de poisson. La vitamine B est un complexe de vitamines. Les vitamines B influencent l'activité nerveuse, l'assimilation des glucides, des graisses et des hydrates de carbone d'origine végétale. On les donne aux oiseaux sous forme de levure sèche incorporée à une pâtée molle. La vitamine D est nécessaire pour établir l'équilibre entre le calcium et le phosphore dans l'organisme. C'est l'exposition aux rayons du soleil qui crée cette fonction dans le corps. En hiver, on administrera de l'huile de poisson (1 cuiller à café par kilo de graines). La vitamine E est favorable à la fécondité des oiseaux et agit favorablement sur le système nerveux. Elle est contenue dans les grains germés, et l'on peut ajouter à la pâtée à l'œuf quelques gouttes d'huile de germes de blé. Une fois par semaine environ, on donnera aux oiseaux des préparations synthétiques de vitamines, dissoutes dans l'eau, et cela surtout en hiver. Les multivitamines non solubles (par ex. Multibionta et Protovit), pourront être mêlées à la pâtée.

Les oiseaux trouvent les matières minérales nécessaires dans leur nourriture, et en général ils ne souffrent pas de carence. C'est surtout au moment où les oiseaux se préparent à la saison des nids, ou lors de la mue, qu'il faut suivre de près l'apport en matières minérales. Nous donnerons alors aux oiseaux des coquilles d'œuf écrasées, des os de seiche, du vieux crépi de murs, du sel de cuisine, etc. On trouve aussi dans le commerce du gravier, des minéraux et toute une série de préparations.

4) **Les compléments** sont indispensables pour une bonne digestion. On donnera du sable, du charbon de bois et parfois du bois pourri. Le sable est indispensable pour un bon broyage des aliments. Le charbon de bois absorbe les gaz en excédent et les liquides dans l'intestin, il contient des traces de chaux, de phosphore et de potasse.

5) **L'eau** est indispensable à toutes les fonctions vitales. On la donnera en quantité suffisante aux oiseaux, en veillant à ce qu'elle soit propre, potable et renouvelée tous les jours. Parfois même il faudra la changer en cours de journée.

DESCRIPTIONS DES ESPÈCES

Caille peinte de Chine Phasianidés

Coturnix chinensis *Phasianidae*

Par sa petite taille — elle ne mesure que 13 à 14 cm — la Caille peinte de Chine convient parfaitement à l'élevage en volière ou en cage. Durant l'été, on donnera la préférence à la volière de jardin, où l'on sèmera un mélange d'herbes. On peut adjoindre à cette Caille d'autres oiseaux, à l'exception de petits Gallinacés. Comme elle est monogame, on la tiendra toujours par couples. Régulièrement, la femelle installe son nid au plus touffu de la végétation, et elle réunit quelques brindilles en forme de toit recouvrant le creux. Elle y pond 4 à 6 œufs d'un brun olivâtre tachetés de brun foncé ou de noir. Les deux parents se relayent pour couver. Au bout de 16 jours, éclosent de petits poussins rayés pas plus gros qu'un bourdon. Ils se développent très vite, les plumes des ailes et de la queue commencent à pousser dès le deuxième ou troisième jour, et à quatorze jours ils volent déjà. A six semaines, ils sont complètement emplumés. La femelle pond même en cage, mais dans ce cas il faut placer les œufs dans une couveuse électrique, et ensuite placer les poussins dans une petite caisse avec une source de chaleur. On nourrit les jeunes des œufs de fourmis frais, de larves de ténébrion (vers de farine) hachées, d'œufs durs écrasés, de fourrage haché menu et de graines de pavot, sans négliger les ingrédients minéraux.

La nourriture de base des adultes comporte les petites variétés de millet, herbe, pavot, de temps à autre de petits insectes. Ne pas oublier la verdure, surtout dans l'élevage en cage. Il est très important de fournir à cette caille du sable fin pour qu'elle puisse s'y vautrer.

Dans la nature, la Caille peinte de Chine est répandue en dix sous-espèces, de l'Inde Antérieure et Ceylan jusqu'en Chine du Sud-Est, à Taiwan, et plus loin par l'archipel indonésien, la Nouvelle-Guinée, la Nouvelle-Calédonie, l'archipel Bismarck jusqu'aux rivages nord, est et sud-est de l'Australie. Son biotope se rencontre dans les prairies marécageuses et la steppe herbeuse. Dans les régions cultivées, cette Caille visite les rizières moissonnées.

Le coq, très coloré (1), se différencie nettement de la poule brune (2). La Caille peinte de Chine ne vole pas volontiers; en cas de danger elle préfère se sauver en courant. Les éleveurs ont obtenu une nouvelle variété argentée, où la différence entre le mâle (3) et la femelle (4) n'apparaît plus aussi marquée que chez les oiseaux sauvages.

Colin de Californie Phasianidés
Lophortyx californica *Phasianidae*

Ce très beau Gallinacé miniature se fera bien valoir dans une volière de maison ou de jardin. Il atteint quelque 24 cm, dont 8 pour sa queue. Le jour, il se déplace surtout au sol où il recherche sa nourriture ou se vautre dans le sable fin. Il passe la nuit perché sur une branche. On nourrit les adultes de millet, avoine, orge, diverses baies, et de temps en temps on leur offre des œufs de fourmi et des vers de farine (larves de ténébrions).

La femelle pond une grande quantité d'œufs dans un creux peu profond, au sol. Quand elle en a pondu une trentaine, on sépare les couples. Comme la femelle couve rarement ses œufs, on lui substitue, pour cette fonction, une poule de basse-cour naine, habituée à couver et élever des poussins. Une cane naine fera tout aussi bien l'affaire, sinon on place les œufs en couveuse artificielle. Dans ce cas, il faudra ensuite installer pour les poussins une petite caisse avec une lampe à incandescence chauffante. Les petits éclosent au bout de 22 jours d'incubation. On les nourrit d'œufs de fourmis, de vers de farine hachés, d'œufs durs écrasés, d'un mélange d'albuminoïdes pour poulets avec de l'ortie hachée, de la mille-feuille, du pissenlit, etc. A neuf jours, les poussins commencent déjà à voler et à se poser sur les branches. A quatre semaines, ils sont complètement indépendants. Dès lors on peut leur donner à manger de petites graines. Il est possible de garder le Colin de Californie tout l'hiver en volière de jardin, à condition de l'abriter convenablement. En volière, il vaut mieux ne pas adjoindre d'autres petits oiseaux ornementaux à cette caille, car ils la dérangeraient dans son sommeil sur le perchoir.

2 ♀

Dans la nature, l'habitat de prédilection du Colin de Californie est un bois feuillu ou mixte, un grand parc situé sur un versant de colline ou une vallée, allant de l'Oregon du Sud-Ouest à la presqu'île californienne. C'est un oiseau assez farouche et vigilant. Le mâle (1) porte une huppe de quatre plumes de couleur foncée. La tête de la femelle (2) est dépourvue de cet ornement. En dehors de la saison des nids cette espèce vit en bandes qui se dispersent au début du mois d'avril pour former des couples. La femelle, quand elle couve, est soigneusement gardée par son compagnon. Si elle vient à périr, si elle est la proie d'un prédateur, le mâle prendra sa place sur les œufs d'un blanc crémeux, tachetés de brun foncé (3). Après l'éclosion, c'est encore lui qui prendra soin des poussins. Autrement, c'est la femelle qui s'en charge tandis que le mâle reste à proximité.

Les premiers Colins ont été introduits en Europe en 1837, venant de la côte pacifique de l'Amérique du Nord. Ils ont été implantés avec le plus grand succès non seulement dans les Etats de Washington, Utah, Arizona, Nouveau-Mexique mais aussi à Hawaii, en Nouvelle-Zélande et au Chili.

3

1 ♂

Faisan vénéré
Syrmaticus reevesii

Phasianidés
Phasianidae

Ce n'est que dans une volière très spacieuse que l'on pourra garder ce majestueux Faisan, mais il vaut encore mieux le laisser en liberté, au jardin. Pour cela, il faut l'apprivoiser tout jeune, en ayant de nombreux contacts avec l'oisillon, en le nourrissant à la main. Le coq adulte peut dépasser 200 cm, mais plus des trois quarts de la longueur appartiennent à la queue. Celle-ci réunit vingt plumes, dont les deux paires centrales atteignent 150 à 180 cm. La poule faisane ne mesure que 75 cm, dont environ 40 cm pour la queue.

Dans le coin le plus retiré du jardin, on plantera des buissons broussailleux où les 3 à 4 femelles attribuées au coq pourront s'abriter. Dans un nid rudimentaire fait de quelques feuilles rassemblées, les poules pondent de 8 à 15 œufs verdâtres qu'elles couvent pendant 24 jours. Il leur arrive de nicher deux fois par an. Les oisillons trouvent assez d'insectes et de nourriture végétale au jardin, mais il faut y ajouter un mélange pour poulets que l'on achète chez les marchands spécialisés. A défaut, on donnera aux poussins des œufs durs, des vers de farine, du pain trempé dans du lait ou de la brioche. Au cours de leurs tout premiers jours, il faut bien veiller à ce que les petits ne soient pas sur un sol humide. Au moment où les jeunes coqs commencent à se différencier, il faut les séparer des adultes.

A ces derniers, on donne à manger du maïs, de l'orge ou de l'avoine, des graines de soja décortiquées, du son de froment, des matières minérales et de la verdure. Le Faisan vénéré supporte bien l'hiver européen, on peut sans craindre l'élever à l'air libre. Toutefois il est bon de placer un toit au-dessus de ses perchoirs.

Ce Faisan de grande taille habite les massifs montagneux de la Chine centrale et septentrionale, où il monte jusqu'à 2000 mètres. Son biotope est l'orée d'une forêt à sous-bois touffu où il vit en petites sociétés. A la saison des nids, le mâle (1) s'accouple en général avec deux femelles (2), et il défend à la fois ses compagnes et son territoire contre des rivaux de son espèce. Les premiers exemplaires du Faisan vénéré ont été introduits en Europe en 1831, d'abord en Angleterre. Toutefois, ce n'est qu'en 1867 qu'on en

a réussi l'élevage. Depuis lors, il est devenu très apprécié parmi les oiseaux d'ornementation sur notre continent. Par croisement, on a obtenu de nouveaux sujets de presque toutes les espèces de faisans, mais la plupart sont restés stériles.

Faisan doré — Phasianidés

Chrysolophus pictus — *Phasianidae*

C'est l'un des plus beaux et des moins exigeants de tous les faisans ornementaux. On peut le garder toute l'année dans une grande volière extérieure, ou en plein air avec une aile coupée à peu près à mi-longueur. En hiver seulement, il faut lui installer un toit couvrant son perchoir ou une cabane. On le nourrit de froment, riz, millet, maïs, avoine germée, verdure, diverses baies, pomme de terre écrasée avec du blé égrugé. Etant donné la violente activité sexuelle du mâle à la saison des amours, il convient d'offrir 3 ou 4 poules à un seul coq. Le mâle en parade tourne autour de la femelle en hérissant les plumes de son camail tout en émettant des sons rauques. La femelle installe un nid maigrement garni dans l'herbe drue, sous un buisson. On peut aussi lui procurer un nichoir. Elle pond de 6 à 16 œufs d'un blanc crémeux qu'elle couve pendant 22 ou 23 jours. A l'éclosion, les petits ont le dos d'un brun marron rayé de sombre et le ventre d'un jaune crème. Les joues sont également jaunes avec des taches sombres. Les ailes, foncées, ont des lignes claires. C'est la femelle qui élève les petits. Un bon développement nécessite une grande quantité d'insectes. En élevage en liberté, les oiseaux en trouvent en suffisance, toutefois lors du nourrissage des oisillons il faut leur procurer des aliments tendres à haute teneur en albumine animale. On leur donnera un mélange d'œufs, de fromage blanc sec, de farine de poisson ou de viande, voire des éphémères séchés.

On élève actuellement deux mutations qui affectent la coloration de cette espèce : le Faisan doré jaune (3) et le Faisan doré foncé. Cette dernière mutation est de couleur beaucoup plus sombre que l'espèce d'origine (1, 2). En croisant cet oiseau sombre avec un faisan de l'espèce normale, on obtiendra des poussins des deux couleurs.

A l'âge d'un mois, les jeunes coqs ont des anneaux péri-oculaires clairs. Plus tard, ils ont l'œil gris, une huppe brun-roux, le reste du plumage étant brunâtre avec des taches sombres tirant sur le jaune. Le coq se pare de sa livrée d'adulte dans sa deuxième année. Les jeunes poules faisanes ont l'œil brun foncé et leurs pattes sont dépourvues d'un indice d'ergot.

3

Le Faisan doré vit dans les clairières, les pentes rocheuses et les plantations de bambous des massifs montagneux de la Chine occidentale. Ses biotopes sont d'un accès difficile. Comme ce Faisan ne cause point de dommages à l'agriculture, aucun danger immédiat ne le menace encore dans la nature. Le coq atteint une longueur de 100 à 110 cm avec sa queue (1, 3), la poule seulement 64 à 67 cm (2). Déjà avant notre ère les Chinois élevaient ce Faisan doré pour l'ornementation.

1 ♂

2 ♀

Faisan de Lady Amherst Phasianidés
Chrysolophus amherstiae *Phasianidae*

Les premiers coqs de ce Faisan furent introduits en Europe, en 1928, par Lady Amherst, épouse du gouverneur anglais des Indes. C'est en l'honneur de cette personne que fut baptisée l'espèce. On en a aussitôt tenté l'élevage en Europe. Comme on ne disposait pas de femelle, on a croisé ce faisan diamant avec des poules du faisan doré. Les jeunes résultant de ce croisement se sont dans la suite révélés fécondes. Toutefois ce métissage a laissé des séquelles dans les élevages de faisan diamant ou de faisan doré, si bien que jusqu'à nos jours il reste, chez l'une ou l'autre espèce, des apports de l'une et de l'autre. Les éleveurs s'efforcent maintenant de stabiliser une population qui serait de sang pur.

On nourrit le Faisan de Lady Amherst de blé, riz, millet, maïs, verdure, pulpe de betterave, etc. Elevée au jardin, la poule installe un nid rudimentaire dans un enchevêtrement touffu de plantes. En volière, il faut lui offrir un nichoir abrité sous un toit de branches de conifère. La ponte rassemble de 15 à 20 œufs que la femelle couve assidûment pendant 23 à 24 jours. A l'éclosion les poussins ressemblent aux petits du faisan doré, mais ils sont un peu plus grands et ont une nuance plus jaune et tirant sur le brun-roux. On leur donne à manger un mélange d'œufs durs écrasés avec de la carotte râpée, du fromage blanc sec, des éphémères séchés, de la chapelure et de la farine de poisson ou de viande. A l'âge d'un mois, on reconnaît le jeune coq à son camail et à son iris gris clair. Il prend toute sa coloration à l'âge de deux ans. On peut sans crainte garder dehors, toute l'année, les oiseaux adultes. Dans ce cas, on installera un toit au-dessus de leur perchoir, en hiver.

1 ♂

Le coq du Faisan de Lady Amherst (1) atteint une longueur de 140 à 170 cm, la femelle (2) — de 66 à 70 cm. Le coq est assez agressif à l'égard des poules, aussi est-il bon, en volière, de lui procurer 4 à 5 femelles. Si on garde des oiseaux en plein air au jardin, avec une aile coupée, deux à trois poules suffiront à un coq. Il est conseillé de planter une végétation touffue dans un coin du jardin. Certains éleveurs, pour éviter des blessures à leurs poules faisanes, émoussent à la lime la pointe du bec et des ergots du mâle. Au moment des amours, dans sa danse nuptiale, le coq saute par-dessus la femelle et lui fait la cour en hérissant son camail (3).

Dans la nature, le Faisan de Lady Amherst vit dans les massifs montagneux de la Chine occidentale, au sud-ouest du Tibet et au nord de la Birmanie. Il habite l'orée des forêts et les massifs de bambous, à haute altitude.

3

2 ♀

Faisan argenté Phasianidés
Gennaeus nycthemerus *Phasianidae*

Il y a mille ans déjà, les Chinois connaissaient le Faisan argenté et l'honoraient comme une divinité. En Angleterre et en France, on l'élève depuis le dix-huitième siècle. De nos jours, à moitié domestiqué et très peu exigeant, de toutes les espèces de faisans c'est celui qui convient le mieux aux éleveurs débutants.

On gardera le Faisan argenté en grande volière ou avec une aile coupée librement au jardin. Il n'a même pas besoin d'un toit, en hiver, car il est très résistant. On lui donne à manger des pommes de terre bouillies, de la carotte râpée, du pain sec, des déchets de viande hachée et bouillie et des os concassés. Pour l'élevage, on procurera de 2 à 4 poules à un coq. En volière, on installera un nichoir artificiel en fourrant une caisse de foin et de paille. Au jardin les femelles établissent elles-mêmes leur nid dans de la végétation touffue, et elles le garnissent de feuilles. La couvée est en général de 8 à 10 œufs mais peut exceptionnellement en réunir jusqu'à une vingtaine. La poule faisane les couve assidûment, très fidèlement, pendant 25 à 26 jours. Elle peut très bien couver également des œufs d'une espèce de faisan plus rare. Les jeunes, à l'éclosion, sont brun foncé au-dessus avec deux lignes longitudinales claires sur les côtés. La tête est d'un brun doré avec une fine bande sur l'œil, le ventre est jaunâtre et les pattes rougeâtres. On les nourrit d'un «mélange d'élevage» et de verdure finement hachée. Si les jeunes faisans sont en liberté au jardin, ils y trouveront bien eux-mêmes assez d'insectes, de vers et de limaces. A l'âge de huit semaines on leur donnera un peu d'orge, de l'avoine décortiquée, du froment et du maïs écrasé. Quand ils auront douze mois, une huppe bleu-noir se dressera sur la tête des jeunes coqs, il sera alors temps de les séparer des oiseaux plus âgés.

3

Le coq du Faisan argenté (1) peut atteindre 120 à 125 cm, dont la queue occupe 60 à 70 cm. Sa patte est porteuse, à l'arrière, d'un puissant ergot (4). La poule faisane (2) atteint une longueur de 70 cm avec une queue de 28 cm. Dans la nature le Faisan argenté se rencontre dans les régions montagneuses et boisées de Birmanie, Thaïlande, Laos, Cambodge, du sud de la Chine et de l'île de Haï-nan. Dans leur aire de répartition, on reconnaît treize sous-espèces géographiques. Ces Faisans recherchent les endroits à l'orée des forêts épaisses et les massifs de bambous. Ils se tiennent surtout à une altitude de 1500 à 2000 mètres. Ils se nourrissent de graines, de baies, de bourgeons, de jeunes feuilles, d'insectes, de vers, de limaces, etc. Ils restent en petits groupes composés d'un coq et 2 à 5 poules. Chaque coq a sa situation dominante dans le groupe. Au moment où les femelles couvent (3), le coq les entoure et veille sur elles.

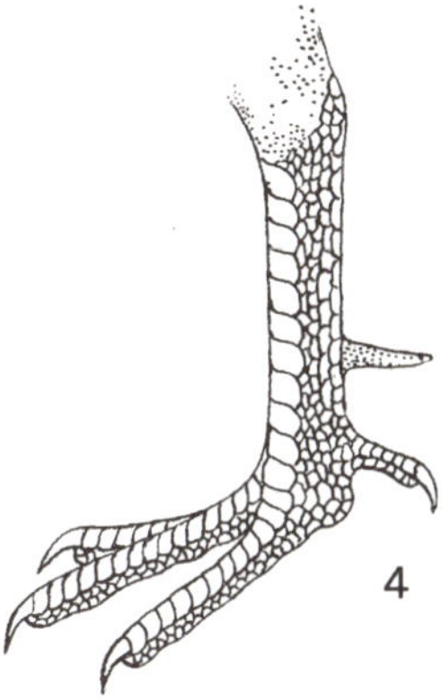
4

1 ♂
2 ♀

Paon bleu — Phasianidés
Pavo cristatus — *Phasianidae*

Il convient de ne tenir le Paon bleu que dans un parc ou dans un grand jardin. Avec une aile coupée, il peut rester dehors toute l'année. A la saison de la pariade, le coq ne tolère le voisinage d'aucun rival. Il est polygame et peut satisfaire de deux à cinq compagnes. Celles-ci installent elles-mêmes un nid, sous un buisson, dans un coin bien touffu. On peut mettre à leur disposition un gros tronc d'arbre creux qu'elles adopteront volontiers. La ponte compte 3 à 5 œufs que la femelle couve seule pendant 28 jour, et c'est encore elle seule qui élèvera les poussins. A l'éclosion, les petits ont la partie antérieure du dos d'un brun clair avec des taches sombres tandis que le bas du dos est marron. Le dessous du corps est brun-jaune. On donne aux jeunes un mélange d'œuf cuit dur, fromage blanc sec et râpé, ortie hachée, achillée mille-feuille, laiteron, et le plus possible d'insectes. Plus tard on leur donnera du bœuf bouilli haché. On peut remplacer tout cela par un mélange pour élevage de poulets et dindons. On alimentera les Paons adultes avec de l'orge, du froment, de l'avoine, du sarrasin et du maïs. De temps en temps, on y ajoutera une pâtée de pomme de terre bouillie, du blé égrugé, de la carotte râpée et du topinambour. Dans les parcs et les grands jardins, les paons trouveront à se nourrir eux-mêmes en cherchant leur pâture surtout le matin et le soir.

La nuit, le Paon bleu dort de préférence juché sur un arbre, voire sur un toit, et toujours au même endroit. La mutation la plus répandue est la forme blanche, qui toutefois n'apparaît que dans un milieu pur de buissons et arbres d'un vert intense. D'autres mutations sont la forme bariolée et celle aux ailes noires.

Dans leur patrie d'origine, l'Inde Antérieure et Ceylan, les Paons recherchent surtout les bois clairs. En dehors de la saison des nids, ils vivent en groupes réunissant des oiseaux de sexe et d'âge différent, voire plusieurs mâles

3

adultes. Dans la nature ils se nourrissent de baies, graines, insectes, petits vertébrés et reptiles. S'ils sont effrayés, ils se sauvent en courant et ne s'envolent qu'en cas de danger extrême. Le coq adulte (1) mesure 180 à 230 cm, dont 130 à 160 pour les plumes de couverture sus-caudales. La poule (2) atteint 90 à 100 cm. La queue comporte jusqu'à 150 plumes sus-caudales terminées par des ocelles (3). Pour courtiser la femelle, le mâle fait la roue devant elle en étalant en éventail les plumes de sa queue, perpendiculairement à l'axe de son corps. De dos, on peut voir au centre deux touffes de duvet noir avec, au milieu, un rond blanc comme neige.

1 ♂

Pigeon casqué, ou **Phaps huppé** — Columbidés
Ocyphaps lophotes — *Columbidae*

Le Pigeon casqué est originaire d'Australie. Il vit sur presque tout le continent, sauf dans les régions du sud-ouest, du sud-est, ainsi que dans la partie tropicale des régions du nord. En Europe, il s'est si bien acclimaté qu'on peut le garder tout l'hiver en volière de jardin, à condition que celle-ci soit bien abritée. Si l'on désire garder ce Pigeon à l'intérieur, il faudra lui procurer une vaste cage, ou mieux une volière d'appartement.

On l'alimente de froment, millet, avoine décortiquée, verdure hachée et de temps à autre, surtout en hiver, on y ajoutera un peu de chènevis. Ne pas oublier l'eau fraîche à boire.

Pour la nidification, il faut installer dans la volière un buisson à feuilles persistantes, par exemple du buis, du fusain, de la spirée ulmaire ou reine des prés. C'est ce que préfère ce Pigeon pour y installer son nid. A défaut de plantes vivaces, on accrochera dans les branches un petit panier d'osier tel qu'on en trouve dans le commerce. Aux oiseaux qui bâtissent eux-mêmes leur nid, on procurera de courtes brindilles de saule et des fétus de paille. La femelle pond deux œufs brillants de 32 × 23 mm. Elle les couve presque toujours seule, et le mâle ne la remplace qu'exceptionnellement. Pendant la saison des nids, il apporte cependant sans cesse de nouveaux matériaux de construction. Les petits éclosent après 18 jours d'incubation. Ils sont nourris au nid pendant trois semaines. Après leur envol, ils dépendent encore de leurs parents, pour la nourriture, pendant deux semaines environ. Une fois qu'ils seront devenus indépendants, on placera les jeunes dans une autre volière, car les adultes mâles se mettraient bien vite à les persécuter.

2

Le mâle et la femelle ont la même coloration chez le Pigeon casqué (1), leur huppe se voit de loin. Ils ont sous les ailes des taches d'une vive teinte turquoise, bien caractéristique (2). Le tarse est typiquement court, et les doigts très longs (3).

En son pays d'origine, l'Australie, le Pigeon casqué niche au printemps et au début de l'été, toujours après la saison des pluies. Le nid plat, mal bâti, a un diamètre de 170 mm environ, et il est toujours installé à environ 3 m du sol. Il est placé à l'enfourchure de deux branches ou d'une branche sur le tronc de l'arbre, et souvent dissimulé au plus touffu des feuilles.

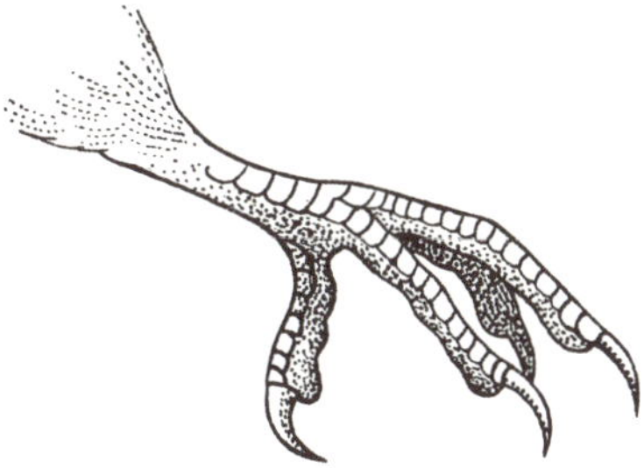

3

Quand l'oiseau vole, on perçoit le bruit métallique du battement de ses ailes. Au cours de manœuvres de séduction, il fait entendre de doux appels modulés, mais lorsqu'il est effrayé il émet de très

1

bruyants cris explosifs. Le mâle, pendant la pariade, fait entendre des sons extraordinairement sourds, comme des «woump . . . woump . . .» tout en s'inclinant à petits coups rapides et en étalant ailes et queue.

Tourterelle diamant Columbidés
Geopelia cuneata *Columbidae*

Ce petit pigeon miniature n'atteint que 19 à 22 cm. La Tourterelle diamant convient très bien pour l'élevage, car elle est très peu exigeante. Mieux vaut la tenir en volière intérieure ou de jardin qu'en cage. Même là, la femelle pondra mais elle n'achèvera pas la couvaison de ses œufs ou abandonnera ses petits. En volière chauffée, il est possible de lui faire passer l'hiver dehors car elle s'est admirablement adaptée au climat européen.

En volière embroussaillée, cette Tourterelle niche de façon très efficace et elle est souvent utilisée pour couver des espèces de pigeons plus rares. Le mâle en chaleur a beaucoup d'ardeur. Il s'incline de nombreuses fois devant la femelle en redressant à la verticale les plumes de sa queue qu'il déploie en éventail. Après la rencontre, les volatiles se construisent un nid naturel dans les branchages, ou ils s'installent dans un nid préparé à leur intention, petit panier plat ou caissette. Comme matériau de construction on leur fournira du foin, de la paille et de courtes branchettes de bouleau. La ponte est de deux œufs blancs, lisses, de 20 × 16 mm. Le plus souvent les deux partenaires alternent pour couver. Les petits éclosent au bout de 13 jours, ils se développent très vite et quittent le nid à l'âge de 10 jours. Au moment du nourrissage des petits, il ne faut pas se soucier davantage de l'alimentation des volatiles. On leur donnera des semences d'herbe, du millet, des graines de pavot, du millet du Sénégal en épis, de la verdure hachée menu et une pâtée aux œufs.

Il n'est possible de garder plusieurs couples qu'en grande volière, car les mâles se battent entre eux. On peut aisément garder cette Tourterelle avec de petits oiseaux d'autres espèces.

Avec un peu d'habitude, on pourra reconnaître le sexe de la Tourterelle diamant. En général, la femelle est plus brune que le mâle (1). Dans son pays d'origine, c'est un oiseau extrêmement étonnant. En pleine chaleur d'un midi d'été, alors que la température dépasse

les 45° C à l'ombre et que les autres oiseaux supportent difficilement ce moment, ailes relevées et bec grand ouvert, tapie à l'ombre des eucalyptus, cette Tourterelle s'en va vers le sable brûlant qui atteint les 70° C; elle hérisse ses plumes, relève ses ailes et laisse les rayons du soleil inonder tout son corps. C'est d'autant plus étonnant que cet oiseau se soit si bien accommodé du climat européen, chez les éleveurs. Pour boire, cette Tourterelle prend une attitude caractéristique, le corps tendu (2). Les éleveurs connaissent trois mutations : la grise, l'argentée et la gris-blanc.

Colombe poignardée — Columbidés
Gallicolumba luzonica — *Columbidae*

On ne peut garder cette très belle Colombe qu'en volière de chambre, ou de jardin pendant l'été seulement. Plus vaste sera l'espace mis à sa disposition, mieux cela sera car elle est intolérante, non seulement envers les autres espèces, mais il arrive aussi qu'elle se batte avec ses congénères.

Dans son habitat naturel, la Colombe poignardée vit dans les forêts où elle se déplace au sol à la recherche de graines, fruits et insectes. Outre le froment, le millet et la vesce, on lui offrira des pâtées à l'œuf, au riz cuit, aux flocons d'avoine, à la pomme de terre cuite et râpée, avec du fromage blanc dur. Tout au long de l'année on y ajoutera des pommes et des poires coupées en petits morceaux et, à la saison, du mouron des oiseaux, de la salade, des feuilles et capitules de laiteron, etc.

Pour nicher, il faut à cette Colombe un buisson touffu où elle bâtit un nid rudimentaire avec les brindilles de bouleau et de saule, plus les fétus de paille que l'on aura mis à sa disposition. Toutefois, elle adoptera volontiers un petit panier plat ou une caissette en bois que l'on accrochera à 1 m ou 1,50 m au-dessus du sol. La ponte comporte 2 œufs. Les petits éclosent au bout de 15 à 17 jours et leur développement dépend en grande partie de leur alimentation. Il faut leur donner à manger des œufs de fourmis, vers de farine, petites limaces, voire des insectes dont on parsème l'herbe du sol de la volière. Les petites Colombes quittent leur nid à l'âge de 14 ou 15 jours. Elles marchent d'abord sur le sol, mais bien vite elles se juchent sur les branches.

Cette Colombe ne supporte pas une température descendant sous zéro, car ses pattes gèlent vite.

La sous-espèce *Gallicolumba luzonica luzonica* habite les îles Luçon et Polillo dans les Philippines. La *Gallicolumba luzonica crinigera* ne se trouve que sur l'île Mindanao et, au point de vue de la biologie de la nidification, elle présente l'intérêt de ne pondre qu'un seul œuf. Chez la Colombe poignardée, les deux sexes ont la même coloration (1).

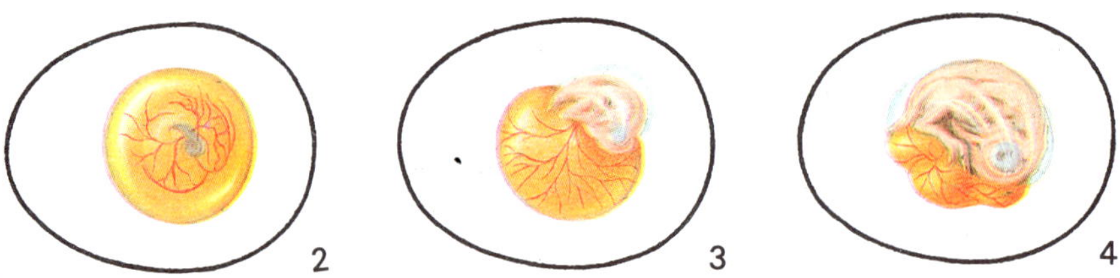

Toutefois on reconnaît le mâle à sa façon de faire la cour à la femelle. Il hoche lentement la tête à de courts intervalles tout en dressant à la verticale les plumes de sa queue.

Au moment du nourrissage, il arrive que les parents cessent d'alimenter leurs petits, probablement ceci est-il dû à l'alimentation de substitution. Certains éleveurs ont obtenu des succès en faisant couver les œufs de la Colombe poignardée par une tourterelle des bois en train de nicher, ou encore par une femelle de pigeon domestique. Le plus grand problème est d'habituer les oisillons à une nourriture animale.

En mirant l'œuf on peut bien voir se développer l'embryon : au troisième jour (2), au septième (3), au dixième (4) et au quatorzième jour (5).

5

1

Tourterelle masque de fer Columbidés
Oena capensis *Columbidae*

Ce qui convient le mieux à l'élevage de cette belle Tourterelle masque de fer, c'est une volière d'intérieur ou de jardin pour les mois du printemps et de l'été seulement. Cette Tourterelle est très sensible à une température trop basse et à l'humidité de l'atmosphère. En tous les cas, elle devra passer l'hiver dans un abri chauffé. Si on la met dans une volière de jardin, on y plantera des buissons dans lesquels elle s'installera un nid assez rudimentaire avec de l'herbe, des brindilles et des racines. Le mâle fait entendre «coucou» appuyé, en traînant sur la deuxième syllabe. Quand il est amoureux, il poursuit sa compagne, s'incline devant elle, déploie sa queue et criant «couk». Il nourrit souvent la femelle en dégorgeant la nourriture de son jabot. A l'époque de la nidification il n'est pas recommandé de garder ensemble plusieurs couples de cette espèce. La Tourterelle masque de fer supporte toutefois très bien la compagnie de petits Astrildidés. Si l'installation d'élevage manque de buissons adéquats pour que les oiseaux s'y installent un nid, on introduira dans la volière une caisse ou un petit fagot de branchettes comme base de nid. La Tourterelle pond toujours deux œufs qui ne brillent presque pas dans leur coquille rugueuse, de couleur crème. Elle les couve de 14 à 15 jours. Certains couples, quand ils nichent, ne supportent pas d'être dérangés par leur éleveur ou par d'autres oiseaux, ou alors ils abandonnent la couvée. Les oisillons poussent vite et quittent le nid au bout de 12 jours. A l'âge de 22 jours déjà apparaît sur la tête du jeune mâle un dessin noir et, au bout de sept semaines, des plumes noires poussent sur sa poitrine. A six mois il aura sa coloration définitive.

On donne à manger aux adultes du millet, des semences d'herbe, de la graine de pavot, de l'avoine décortiquée, une pâtée à l'œuf et divers légumes.

3

Pour l'éleveur, cette Tourterelle de 26 cm de long présente l'avantage d'une détermination du sexe aisée. Le mâle (1) a la partie antérieure de la tête et de la poitrine nettement noire. La femelle (2) a cette partie du corps d'un brun mat, mais son front est clair. La sous-espèce nommée *Oena capensis capensis* habite, à l'exception de la forêt vierge du centre de l'Afrique, un territoire allant du Maroc et du Soudan jusqu'en Afrique du Sud et en Arabie saoudite. Une deuxième sous-espèce, l'*Oena capensis aliena* vit à Madagascar. Le biotope de la Tourterelle masque de fer est un terrain ouvert avec des buissons, de type steppe broussailleuse. Dans la nature, la saison des nids dépend de la suffisance de nourriture. Dans certaines régions, l'espèce est devenue familière et niche dans les parcs des villes ou dans les villages. Le nid s'installe souvent très bas, à peine à un demi-mètre au-dessus du sol, dans les fourrés (3).

Lori arc-en-ciel
Trichoglossus haematodus

De tous les oiseaux de la famille *Loriidae*, cette espèce est probablement celle que l'on élève le plus souvent. On l'aime non seulement pour son magnifique plumage mais aussi parce que l'élevage de ses petits est aisé et qu'elle résiste très bien aux intempéries. Les oiseaux importés s'habituent très vite à manger des graines de tournesol, des semences d'herbe, de l'avoine et toutes sortes d'autres graines. Il faut cependant y ajouter du miel, du lait sucré, des jus de fruits et autre alimentation convenant au groupe des Loris. Ces oiseaux ont besoin de consommer beaucoup de pommes, carottes et, en saison, du raisin. Les oiseaux récemment importés doivent, au début, être gardés à une température de chambre pour s'acclimater. Ils le font assez facilement en ce qui concerne le climat et ne sont pas trop exigeants pour la nourriture, surtout certaines sous-espèces. Il convient de leur faire passer l'hiver en un endroit à l'abri de la gelée. On les garde en général par couples, mais il est possible de leur faire accepter la compagnie de perruches. Leur voix n'est pas très perçante et ils ne la font entendre qu'assez rarement, surtout lorsqu'ils sont surpris ou effrayés.

Ils ne sont pas très exigeants dans leur recherche d'un creux pour y installer leur nid, et ils se contentent tout aussi bien d'un nichoir avec un trou d'envol de 8 cm de diamètre. Au fond du nichoir, on étalera une couche épaisse de quelques centimètres d'un mélange de tourbe et sciure de bois. Comme les oiseaux y passeront la nuit il conviendra de procéder à un nettoyage régulier de ce nichoir.

A la saison des nids, le Lori arc-en-ciel est très calme. La femelle pond régulièrement deux œufs blancs qu'elle couve seule pendant 23 à 25 jours. Les jeunes sont nourris par les deux parents. Ils quittent le nid à l'âge de 7 ou 8 semaines.

Les deux sexes de ce Lori ont à peu près la même couleur mais le mâle a l'iris rouge-vif tandis que la femelle l'a rouge-orangé. Les jeunes ressemblent aux adultes sauf qu'ils ont la queue plus courte et que leur bec est d'un rouge plus foncé.

Le Lori arc-en-ciel est largement répandu en Nouvelle-Guinée, à Bali, aux îles Salomon, aux Nouvelles-Hébrides, en Nouvelle-Calédonie, en Australie du Sud et de l'Est, ainsi qu'en Tasmanie. Ce grand territoire a produit 21 sous-espèces qui se différencient souvent assez nettement par la coloration. La sous-espèce la plus connue, le Loriquet de Swainson *Trichoglossus haematodus mollucanus* (1) habite l'est et le sud de l'Australie ; la sous-espèce *T.h. rubritorquis* (2) est répandue au nord du continent australien; la sous-espèce nominale *T. haematodus haematodus* (3) vit sur les îles Moluques, Buru, Ambon, Ceram, Ceram Laut, Warubel, sur les îles occidentales de la Nouvelle-Guinée; la sous-espèce *T.h. weberi* (4) provient de l'île Flores (îles de

5

la Sonde). Sur la face interne des ailes de la sous-espèce *T.h. mollucanus* (5) on peut voir les signes qui la distinguent de la sous-espèce *T. h. rubritorquis.* Cette dernière a le haut de l'aile rouge avec un large bord jaune.

Lori à collier, ou **Loriquet,** ou **Lori des dames** *Lorius lory*

Loriidés *Loriidae*

Les Loris ont un plumage aux couleurs splendides qui les font ranger parmi les plus beaux perroquets. Leur particularité est leur langue, terminée par un pinceau de petits tubes charnus avec lesquels ils prennent la nourriture liquide : nectar de fleurs, jus de fruits tropicaux et petits insectes. En captivité il faut remplacer cette alimentation naturelle par du miel, du lait sucré, des purées aux fruits pour bébés, du sirop, une légère bouillie de maïs ou de riz sucrée, du pudding, du biscuit détrempé. Ces oiseaux ont absolument besoin de manger des fruits mous comme la banane, l'orange, les fraises et en hiver, à défaut de fruits frais, on leur donnera des conserves au sirop. A la saison, ils auront des épis de maïs encore vert. Ils mangent aussi des vers de farine, des œufs de fourmis, des œufs durs écrasés ainsi que du jaune d'œuf cru mélangé à du miel, du fromage blanc, de l'extrait de viande, etc. La verdure n'est acceptée que par certaines espèces de Loris, et il en est de même du millet, de l'avoine, des graines de tournesol. Le Lori à collier ne s'accoutume qu'avec une certaine résistance aux graines alimentaires.

Cet oiseau peut se garder soit seul, soit par couple. On peut essayer d'en faire l'élevage. Ce qui lui convient le mieux, c'est la volière d'appartement; il peut toutefois passer l'été dehors, en grande volière partiellement couverte. En hiver, il faut veiller à ce que la température de la volière reste toujours au-dessus de 10° C. Pour nicher, on offrira au Lori à collier un grand tronc creux, voire une caisse d'au moins 130 cm de long que l'on accrochera à une paroi. La ponte compte deux œufs que la femelle couve seule pendant 24 jours.

2

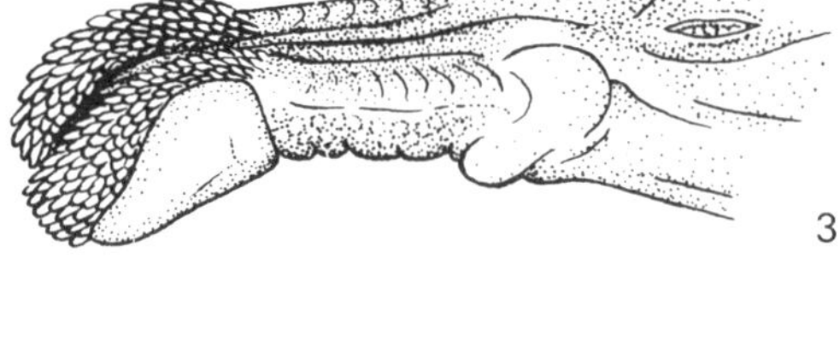

3

Le Lori à collier (1) atteint 31 cm de longueur, la femelle ne se distingue pas du mâle quant à l'aspect extérieur. Les jeunes sont dépourvus de bande rouge sur la nuque, ils ont le dos vert, le haut de la poitrine rouge et le bas des couvertures verdâtre avec un mélange de plumes bleues et rouges. Elevé seul, le Lori est très affectueux et doué. Il apprend facilement à siffler des airs, à reproduire divers sons et à articuler de nombreux mots. Si l'éleveur introduit son propre système d'alimentation, la préparation compliquée en apparence seulement ne causera aucune difficulté.

En sept sous-espèces, cette espèce habite les régions de forêt vierge de la Nouvelle-Guinée et des îles de Papouasie. Ces Loris nichent dans des trous d'arbres. Ils sont d'excellents voiliers. Le pinceau du bout de leur langue reste contracté au repos (2) et, lorsque l'oiseau s'alimente, les petits tubes s'ouvrent (3).

1

Cacatoès à huppe jaune — Cacatuidés
Cacatua sulphurea — *Cacatuidae*

C'est l'espèce de Cacatoès la plus fréquemment importée. Quand il est bien traité, cet oiseau devient très familier et s'attache à son éleveur. Il est très docile, il apprend à répéter des mots, à siffler des airs, à imiter la voix d'autres oiseaux. Si on le garde seul dans une chambre, il faut le plus souvent possible lui fournir l'occasion de se donner du mouvement en dehors de sa cage. Du printemps à l'automne, on peut le garder au jardin, dans une volière abritée par un toit. En été, quand il pleut, il aime offrir son corps aux gouttes d'eau, il adore se laisser inonder, les ailes largement ouvertes. En hiver, il faut le garder à l'intérieur, à une température avoisinant les 10° C. On le nourrit comme les autres espèces de cette famille : graines de tournesol, maïs, avoine, noisettes, fruits de toutes sortes, œufs durs, petits pains, insectes, etc.

Au moment des amours, le mâle sautille autour de la femelle en faisant de profondes révérences tout en émettant des sons charmeurs, huppe dressée, puis les deux oiseaux s'arrachent mutuellement des plumes. La ponte, de 2 à 3 œufs, est couvée le jour par le mâle et la nuit par la femelle. La couvaison dure 25 jours. Les jeunes restent 2 mois au nid. A cette époque on leur offre du raisin, du blé encore vert, des petits pois, du pain dur trempé dans du lait sucré, éventuellement des vers de farine. A l'éclosion, les jeunes ressemblent aux adultes sauf qu'ils ont le bec et les pattes blancs. Il arrive que la femelle arrache des plumes à ses petits. Il faut alors augmenter l'apport d'albuminoïdes dans la nourriture, par exemple du fromage blanc. Bien soigné, ce cacatoès peut vivre des dizaines d'années.

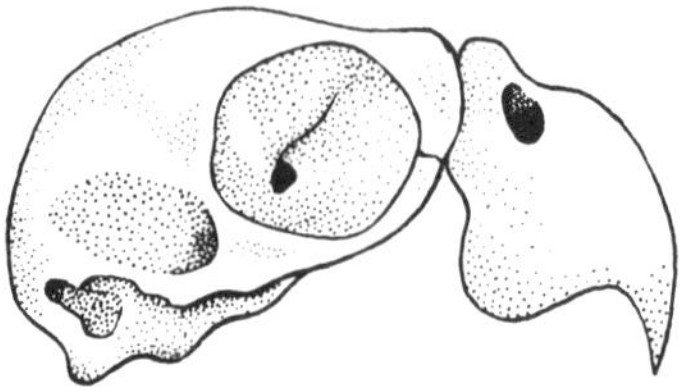

2

On ne reconnaît qu'à l'œil le sexe du Cacatoès à huppe jaune. Chez le mâle l'iris est brun-noir (1), et il est brun-rouge chez la femelle. Les jeunes ont les pattes et le bec clairs. Ils quittent le creux du nid à l'âge de 2 mois environ. Pendant le nourrissage, ils agitent déjà les ailes et ils

1 ♂

commencent à manger tout seuls au bout de deux semaines. Quand les adultes ressentent l'envie de nidifier une fois encore, ils se mettent à pourchasser leurs petits. Il faut alors installer ces derniers dans une autre volière. Le Cacatoès à huppe jaune atteint une longueur de 35 cm, dont 11 cm pour la queue; les ailes en ont 24. La mandibule supérieure est très volumineuse (2). L'espèce est répandue, en six sous-espèces, sur tout l'archipel indonésien.

Grand Cacatoès à huppe jaune — Cacatuidés
Cacatua galerita — *Cacatuidae*

Le Grand Cacatoès à huppe jaune est un grand perroquet blanc dont la tête est surmontée d'une magnifique huppe jaune. Il atteint environ 49 cm dont 21 cm pour la queue. Un jeune Cacatoès se laisse facilement apprivoiser, il devient assez vite familier et docile. Il apprend à prononcer des phrases entières, à siffler des airs, et à reproduire à la perfection les sons les plus divers. Sa voix naturelle est un croassement désagréable. Le plus souvent on en garde un seul individu.

Si l'on veut en essayer l'élevage, il faudra que les oiseaux disposent d'une grande volière en métal, avec possibilité d'abri. Pour nicher ils auront besoin d'un grand nichoir naturel fait d'un tronc creux, et ce n'est que par exception qu'ils nicheront dans un nichoir en planches. Si on en a la possibilité, on mettra ensemble plusieurs oiseaux, afin que chacun d'eux choisisse son partenaire. La femelle ressemble au mâle quant à la couleur, seul l'iris est différent, souvent brun-rouge foncé chez la femelle et noir chez le mâle. Dans le creux du nid garni de détritus de bois pourri la femelle pond deux œufs blancs elliptiques de 47 × 34 mm. Les deux parents couvent pendant 30 jours, le mâle pendant le jour et pendant la nuit la femelle. Les jeunes restent au nid de 6 jusqu'à 11 semaines. Après leur envol, ils ressemblent aux adultes sauf qu'au début ils ont un reflet grisâtre sur le sommet de la tête, le dos et les ailes.

On nourrit le Grand Cacatoès à huppe jaune comme les autres espèces de ce groupe. Il a cependant besoin de fruits en abondance. On lui donnera les matières minérales dans une pâtée à l'œuf, surtout au moment du nourrissage des petits. A ce moment-là, on donnera aussi à manger de l'orge bouillie, des fraises, de la carotte, des radis, du chènevis, etc. De toutes les graines c'est le tournesol que ce Cacatoès préfère.

Le Grand Cacatoès à huppe jaune tient sa huppe repliée sur le sommet de la tête quand il est calme (2). Quand il s'excite, il la déploie comme un éventail (3).

Dans la nature, on le rencontre sous quatre formes géographiques de sous-espèces. La sous-espèce déterminée *Cacatua galerita galerita* (1) habite l'Australie du Sud-Est et la Tasmanie; la souséespèce *C. g. fitzroyi* vit dans le nord

2

3

1

de l'Australie; la sous-espèce *C. g. triton* est répandue en Nouvelle-Guinée, sur les îles Trobriand, les îles Ceram Laut et Goramlaut. La plus petite sous-espèce, *C. g. eleonora* vit sur les îles Aru, dans l'archipel indonésien. Dans son habitat, cette espèce se nourrit principalement des fruits de l'eucalyptus, de diverses baies, noix, fruits, racines de plantes, d'insectes et leurs larves. Dans les régions méridionales de leur aire de répartition, les Cacatoès nichent d'août à janvier; dans les régions tropicales, au nord, ils nichent de mai à septembre.

Cacatoès à huppe rouge — Cacatuidés
Cacatua moluccensis — *Cacatuidae*

Le Cacatoès à huppe rouge est l'un des plus grands et des plus beaux oiseaux de cette espèce. Il atteint 50 cm, les ailes ont 31 cm, la queue 17. Sa huppe, splendide, peut se dresser jusqu'à 18 cm. Quand il est excité, il hérisse non seulement sa huppe mais aussi les plumes du cou, de la nuque et de la poitrine, ce qui lui forme une sorte de collet. Les sexes sont difficilement reconnaissables. On dit que la femelle a, dans l'ensemble, un reflet rouge moins marqué, les plumes caudales jaunâtres et la tête plus étroite que le mâle.

Les oiseaux d'importation récente seront gardés dans une grande cage métallique où ils pourront déployer leurs ailes mais non voler. Bien traités, ils se familiarisent vite et résistent bien au froid. Avec leur bec puissant ils sont capables de mettre en pièces de petites planches, aussi est-il bon de leur procurer des branches de bois vert sur lesquelles ils s'useront les mandibules.

Le plus souvent, le Cacatoès à huppe rouge vit en solitaire. Toutefois si l'on veut tenter l'élevage d'une progéniture, il faut installer un couple en grande volière métallique, à l'extérieur. La volière sera recouverte d'un toit, et les oiseaux y resteront du printemps à l'automne. L'hiver venu, on les installera dans une pièce où le thermomètre ne descendra pas sous zéro. Les meilleurs nids sont naturels. Un gros tronc creux fera l'affaire, à défaut de quoi on installera une niche en bois de 150 cm de hauteur et de 50 × 50 cm à la base. L'ouverture aura un diamètre assez large, de 17 à 20 cm. Une partie de paroi latérale sera agencée de façon à laisser le regard pénétrer à l'intérieur, pour le contrôle. En général la ponte est de 3 ou 4 œufs que la femelle couve seule pendant 35 jours. Les jeunes ont les mêmes couleurs que leurs parents, sauf le reflet rouge qu'ils n'acquerront qu'au bout d'un ou deux ans.

L'alimentation principale de ce Cacatoès se compose de tournesol, avoine, maïs, noisettes et surtout d'une abondance de fruits de toutes sortes, sans négliger les matières minérales et les vitamines.

2

Le Cacatoès à huppe rouge (1) est très docile; un individu apprivoisé apprend vite à répéter des mots et à siffler des mélodies, ou encore à reproduire les bruits qu'il entend souvent. Un oiseau récemment importé pousse parfois des cris désagréables; on y remédie en recouvrant la cage d'un voile opaque. Dans la nature, cette espèce se rencontre dans la partie sud des Moluques, sur les îles Ceram, Saparua, Haruku, Amboine. L'oiseau se tient surtout au sommet des

1

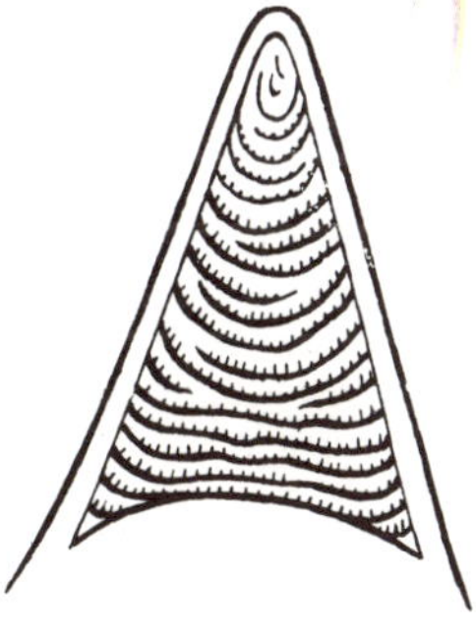

3

grands arbres où il se déplace parmi les branches. Ce Cacatoès vole très bien, et silencieusement. Sa patte (2) est un ingénieux outil avec lequel il tient non seulement sa nourriture mais aussi il peut ouvrir la porte de sa cage. Le dessous de sa mandibule supérieure est nettement crénelé (3).

Cacatoès à huppe blanche — Cacatuidés

Cacatua alba — *Cacatuidae*

En captivité, ce magnifique Cacatoès à huppe blanche doit vivre en solitaire. Il est très difficile d'en reconnaître le sexe, les signes distincitifs sont très aléatoires. Si l'on possède plusieurs individus, le moyen d'en reconnaître le sexe sera d'observer leur comportement mutuel.

Le signe distinctif le plus marquant de ce Cacatoès, c'est sa huppe qui est rabattue lorsque l'oiseau est calme mais se hérisse quand il s'excite. Un adulte atteint 40 à 45 cm, ses ailes ont 30 cm, sa queue en a 18. Un Cacatoès récemment importé est souvent farouche et inquiet. On le placera dans une cage pas trop grande mais solide. Par des contacts fréquents, tout en se gardant de mouvements brusques et du bec happeur, on le familiarisera très vite. Il devient alors aimable et plein de bonnes dispositions pour apprendre à siffler une chanson ou à imiter divers bruits.

Sa nourriture de base se compose de tournesol, maïs, avoine, froment, noix, fruits, carottes, laiteron, mouron des oiseaux, etc. Le Cacatoès à huppe blanche adore mordiller le bois, il faut donc lui fournir des branches fraîches.

Tout récemment, des éleveurs ont tenté de le garder en grande volière pour la reproduction, en couple. Il faut alors procurer aux oiseaux un nichoir de 50 × 40 × 50 cm. Le meilleur nichoir, c'est encore un tronc d'arbre creux. Les deux parents couvent alternativement les 2 à 3 œufs blancs durant près d'un mois. Au moment du nourrissage des petits, il faut ajouter au menu des parents une pâtée comportant de l'œuf, du fromage blanc, des substances minérales, divers insectes, des vers de farine, etc. Les petits dépendront encore des parents longtemps après avoir quitté le nid. Pendant toute la nidification, des oiseaux même très bien apprivoisés se montreront très agressifs.

Le Cacatoès à huppe blanche (1) vit aussi longtemps que l'homme. Chez certains éleveurs ou dans les jardins zoologiques ont peut voir ces oiseaux en plein air, sur un perchoir auquel leur patte

2

est attachée par une chaînette. Ce mode d'élevage ne convient pas, mieux vaut s'efforcer d'apprivoiser complètement l'oiseau. Certains éleveurs arrivent à déterminer le sexe de ce cacatoès d'après la couleur de l'iris. Chez le mâle, l'iris est noir, tandis qu'il est brun noirâtre chez la femelle. Le Cacatoès à huppe blanche a été introduit en Europe, en provenance des Moluques centrales, des îles Halmahera, Obi, Batjan, Ternate, Tidore, où il vit dans les régions de forêts. Pour boire, l'oiseau entre souvent dans l'eau et se laisse mouiller les plumes du ventre (2).

1 ♂

Perruche calopsitte, ou **Euphème**
Nymphicus hollandicus

Cacatuidés
Cacatuidae

Avec la Perruche ondulée, la Perruche calopsitte est parmi les Psittacidés d'Australie préférés des éleveurs. C'est un oiseau de cage peu exigeant, résistant, et que l'on peut facilement amener à nidifier. On gardera cette Perruche dans une cage spacieuse ou une volière d'appartement, le mieux sera cependant une volière de jardin recouverte d'un toit, où les oiseaux pourront passer toute l'année. On leur donne à manger du tournesol, des semences d'herbe, de l'avoine, diverses espèces de millet, de la carotte râpée ainsi que des pommes et autres fruits également râpés, du plantain en épis et du mouron des oiseaux. Ne pas oublier les branchettes fraîches à grignoter. Au moment où les adultes nourriront leurs petits, il faudra ajouter à leur menu du panic germé, une pâtée à l'œuf et du pain blanc trempé.

Le nichoir peut être naturel ou fabriqué avec des planchettes: hauteur 35 à 40 cm, largeur et profondeur 20 cm. Le diamètre du trou d'envol sera de 8 à 9 cm. La Perruche calopsitte nidifie jusqu'à trois fois par an, ce qui toutefois porte préjudice à l'état de santé des parents. La ponte réunit 4 à 7 œufs blancs que le mâle couve pendant le jour et la femelle pendant la nuit, et cela durant 16 à 21 jours. Les petits restent au nid pendant 4 à 5 semaines, et après leur envol les nourrissent encore jusqu'à l'âge de 2 mois. Les jeunes oiseaux ressemblent à la femelle sauf que leur bec est de couleur chair au début pour ne devenir foncé qu'au bout de trois mois. Une jeune Perruche calopsitte élevée seule s'apprivoise facilement, surtout si c'est un jeune mâle, car les femelles sont plus difficiles, moins familières. Un jeune mâle apprivoisé apprendra à se poser sur l'épaule ou le doigt de son éleveur, il saura siffler une petite mélodie, reproduira divers sons et prononcera des mots.

3

Dans la nature, cette Euphème habite toute l'Australie sauf les régions côtières. Elle vit en bandes nombreuses dans le busch et les prairies. Ces oiseaux restent en bande quand ils nidifient, et les couples sont toujours unis même quand ils s'envolent à de très grandes distances. Dans certaines régions leurs aires de nidification atteignent la saison sèche, ce qui a pour résultat une insuffisance de nourriture. Les bandes entreprennent alors des migrations à grande distance à la recherche de nourriture et d'eau.

Le mâle (1) de l'Euphème se différencie partiellement de la femelle (2) par son coloris. Les éleveurs ont obtenu plusieurs variantes colorées de cette espèce. En 1959 la première Perruche calopsitte blanche a été obtenue en Amérique (5) en même temps qu'une perruche bariolée en Californie (4) et dans les années suivantes, une perruche perlée (3), une couleur cannelle et quelques autres variantes.

Eclectus à flancs rouges
Eclectus roratus

Psittacidés
Psittacidae

Autrefois, les scientifiques et les éleveurs prenaient pour des oiseaux d'espèces différentes le mâle et la femelle de ce superbe perroquet. L'Eclectus était déjà connu depuis près d'un siècle lorsqu'en 1874 le Dr. A. B. Meyer, directeur du Musée historique de Munich, expliqua son net dimorphisme sexuel, peu courant chez les Psittacidés. Même la voix est différente, le mâle fait entendre, surtout à la saison des amours, une sorte de «kraach . . .krrak», tandis que la femelle chuchote «chee-ong . . .chee-ong». L'Eclectus est un oiseau de nature calme et tranquille. Il s'apprivoise assez facilement, même à un âge déjà avancé. Toutefois l'acclimatation des sujets récemment importés s'avère délicate, et il convient de les garder dans une chambre chauffée. On leur donne à manger des épis de maïs frais mais, au moment de l'acclimatation, on leur offrira surtout du maïs et du riz cuit, du tournesol en semences germées, toutes espèces de fruits mûrs, des biscottes, de la salade, des capitules de laiteron. L'Eclectus a besoin de beaucoup d'eau à boire, et une fine aspersion d'eau tiède sur tout le corps lui fait le plus grand bien. De nos jours on s'intéresse plus que jamais à l'élevage de cet Eclectus, car il commence à bien se reproduire en captivité. Pour cela, c'est la volière qui convient, et l'on y maintiendra la température au-dessus de zéro. Il faut y placer beaucoup de branches; on choisira un nichoir d'au moins 30 × 30 × 45 cm avec un diamètre d'ouverture de 10 cm et sur le fond une couche de sciure de bois d'environ 8 cm d'épaisseur. La ponte de 2 œufs est couvée pendant 26 jours par la femelle que le mâle nourrit pendant ce temps-là. Le nourrissage des petits dure environ 8 semaines, et ils regagneront encore leur nichoir pendant quelques semaines après leur envol.

3 ♂

4 ♀

Le mâle de l'Eclectus (1) se distingue fort de la femelle (2). Chez les jeunes on peut également bien reconnaître le sexe. Le mâle juvénile est vert (3), la jeune femelle est rouge (4). Les jeunes ont la mandibule supérieure d'un gris-brun foncé et d'un jaune sale vers le bout. Ils ont l'iris brunâtre. Sur le crâne aplati (5) la grande mandibule supérieure est très remarquable.

Eclectus roratus se rencontre sous douze sous-espèces aux Moluques, dans les petites îles de la Sonde, à Tanimbar, Aru, Kaï, en Nouvelle-Guinée, en Australie sur la presqu'île d'York, sur les îles Bismarck, dans l'archipel Salomon et

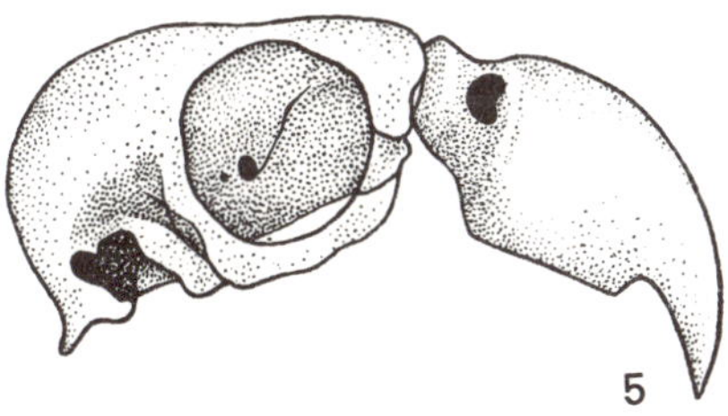

5

les îles Goram et Palau. Il habite la forêt vierge épaisse et souvent les régions montagneuses. Sur certaines îles, il hante les plantations de cocotiers dont il mange les fruits. C'est un solitaire qui ne vit en couple qu'au moment de la nidification.

Perruche royale Psittacidés
Alisterus scapularis *Psittacidae*

Pour l'élevage de cette splendide Perruche, seule convient une grande volière de jardin, autant que possible très longue, que l'on ne garnira que de peu de branchages afin que l'oiseau ait assez d'espace pour bien y déployer ses ailes. Un oiseau acclimaté supporte très bien l'hiver européen dans la partie couverte de la volière. Pour la nourriture, il n'est pas exigeant, on lui donne du maïs, du tournesol, de l'avoine, du froment, du panic, des arachides, de la carotte, des pommes et autres fruits ainsi que de la verdure.

L'élevage de la Perruche royale n'est pas chose aisée. Pour qu'elle niche, on lui offrira au moins deux creux, le mieux est dans un tronc naturel d'au moins 100 à 200 cm de long avec un diamètre de 30 cm et une ouverture d'envol de 10 cm. Au début de la saison des nids la femelle sollicite la nourriture de son partenaire et se laisse alimenter par lui. A ce moment-là on donnera comme nourriture de base des biscuits ou du petit pain émiettés, de l'œuf de poule cuit dur et écrasé, des semences fraîches d'herbe folle et des graines germées, du maïs germé, de la biscotte, etc. Au moment des amours, le mâle redresse les plumes de sa tête, il s'incline, ses pupilles se rétrécissent, il étire les ailes en mouvements saccadés tout en émettant des sons qui ressemblent à un coassement. La femelle pond 4 ou 5 œufs blancs de 33 × 26 mm, et elle les couve 19 à 21 jours. Les jeunes quittent le creux du nid à l'âge de 5 à 6 semaines. Les jeunes femelles ont l'iris brun. Au bout de la première année on voit apparaître chez les jeunes mâles une bande vert clair sur la face extérieure de l'aile. Une Perruche royale élevée artificiellement, si elle est bien soignée, devient très familière et agréable. Les oiseaux importés, surtout s'ils sont déjà adultes, s'apprivoisent mal.

La Perruche royale est australienne, elle habite les régions côtières du sud-est, depuis le nord du Queensland jusqu'au sud de l'Etat de Victoria. Son biotope est toujours un sous-bois touffu. Dans certains parcs nationaux, où elle vit sans être le moins du monde dérangée, elle ne manifeste aucune crainte de l'homme. Dans certaines fermes elle se nourrit en

3

compagnie de la volaille de la basse-cour. Dans la nature, elle niche dans des trous de branches ou de troncs d'eucalyptus. Elle conserve sa fécondité jusqu'à plus de trente ans. Elle atteint 43 cm de long. Le mâle (1) acquiert sa maturité sexuelle à trois ans, tandis que la femelle (2) est adulte à deux ans. Les oiseaux juvéniles (3) ressemblent à la femelle.

Perruche à calotte bleue Psittacidés
Polytelis alexandrae *Psittacidae*

La Perruche à calotte bleue, aux jolies teintes pastel, se garde principalement en volière extérieure. Sa trop longue queue ne convient pas à un placement en cage, mais elle n'est ni sauvage ni timide. Plus grand sera l'espace dont elle dispose, plus apparaîtra sa beauté en plein vol. La construction de la volière peut être en bois, cette Perruche ne l'attaque pas. La partie protégée par un toit n'a pas besoin d'être chauffée, l'oiseau supporte même d'assez fortes gelées sans dommages pour sa santé. On peut garder ensemble deux couples dans une grande volière, ou garder un couple en compagnie d'un autre couple de perruches de Bourke ou bien encore de perruches calopsittes. La nidification de couples séparés se déroule cependant plus calmement, et les résultats en sont meilleurs.

On nourrit cette Perruche de millet, semences d'herbe, avoine décortiquée et non décortiquée, froment, tournesol, diverses semences d'herbes sauvages et petites graines, pommes, carottes, mouron des oiseaux, etc. Au moment du nourrissage des petits on y ajoutera en abondance des graines germées et une pâtée à l'œuf. Comme la Perruche à calotte bleue aime à picorer les graines germées au sol, elle peut s'infecter de vers parasites, surtout des ascaris. Dans ce cas on la soignerait avec du «Concurat» ou du «Panacur».

Les amours sont très intéressantes à observer. Le mâle exécute la plus grande partie de ses danses et mouvements nuptiaux au sol, en sautillant autour de la femelle, et en s'efforçant de la nourrir. Ses pupilles se rétrécissent alors fortement. Pour la nidification on installera dans la partie couverte de la volière un nichoir assez long (de 50 à 200 cm) que l'on suspendra de biais afin que la femelle ne brise pas ses œufs en sortant du nichoir. La couvée compte 4 à 6 œufs, l'incubation dure 20 jours, les jeunes sont élevés en cinq semaines.

La Perruche à calotte bleue atteint 45 cm. Elle vit dans les régions sèches de l'Australie occidentale jusqu'au nord de l'Australie méridionale. Elle habite les plaines, souvent très loin des points d'eau. On a jusqu'à présent peu d'informations sur sa vie dans la libre nature. Quand elle recherche sa nourriture elle est très discrète tandis qu'elle se fait entendre sans cesse quand elle perche sur les hauts arbres. Elle sait très bien se dissimuler en se collant contre les branches.

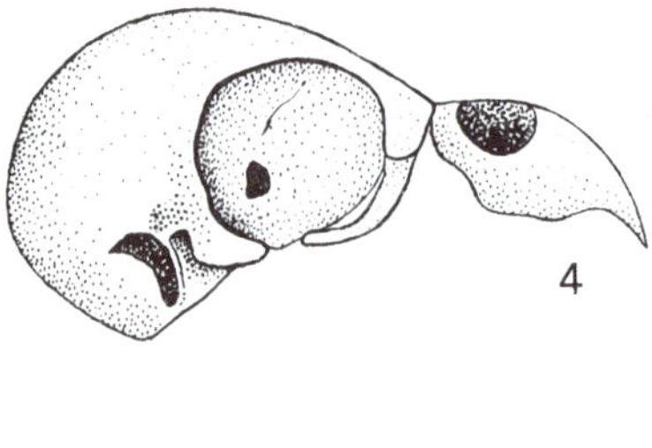

4

3

Le mâle (1) a de plus longues plumes caudales que la femelle, et à la troisième paire de rémiges primaires, il y a une plume plus longue de 12 à 14 mm. La femelle (2) n'a pas cette prolongation, le sommet de son crâne est d'un pâle gris-violet et le vert de ses ailes est mélangé de petites plumes vert-olive (3). On élève plus rarement une mutation bleue ainsi qu'une nouvelle mutation jaune. La forme du crâne de la Perruche à calotte bleue rappelle celle d'une bombe de cavalier (4).

Perruche de Pennant

Platycercus elegans

Psittacidés

Psittacidae

Par ses couleurs splendides et sa résistance cette Perruche a conquis de nombreux amateurs, et elle connaît de plus en plus la faveur des éleveurs. Il ne convient cependant pas de la garder en cage, elle ne se porte bien qu'en volière, au jardin où elle peut passer toute l'année. Elle se baigne souvent même par fortes gelées. Sa voix est assez forte mais agréable; elle ne se fait entendre qu'au moment de l'accouplement.

On la nourrit de tournesol, semence d'herbe, avoine, froment, millet, de plus il lui faut en suffisance des pommes, carottes, sorbes, des fruits de la symphorine, des feuilles et des capitules de laiteron, du mouron des oiseaux, des épis de plantain et des branches fraîches à grignoter.

Dès le début du printemps les mâles entrent en pariade, il n'est donc pas indiqué de garder dans la même volière d'autres oiseaux de la même espèce. Pour édifier leur nid les Perruches de Pennant ne sont pas trop difficiles, elles nichent aussi bien dans un nichoir artificiel que dans un trou naturel. Toutefois la femelle est plus paisible dans un tronc suspendu, elle y couve mieux. La ponte est de 4 à 8 œufs de couleur crème de 29 × 24 mm. L'incubation dure 21 jours et les petits restent au nid pendant 5 semaines environ. Après leur envol ils sont encore nourris par les parents pendant 2 ou 3 semaines. Les jeunes oiseaux ont un plumage vert avec des plumes rouges, séparées, sur la poitrine et sur le ventre. Ils n'acquièrent la coloration définitive de leur plumage qu'à l'âge de 13 à 15 mois. Il peut arriver que, en conséquence d'une mauvaise alimentation, les jeunes rougissent déjà au nid, mais dans ce cas ils restent petits. Des oiseaux bien alimentés deviennent grands et forts, et ils sont verts au moment où ils quittent le nid. Des oiseaux d'un an se mettent parfois à nicher avant même d'avoir acquis toute leur coloration. Il vaut cependant mieux ne laisser nicher que des oiseaux d'au moins deux ans. La Perruche de Pennant niche exceptionnellement deux fois par an.

3

Cette grande espèce de Perruche qui atteint 32 à 36 cm vit sur les côtes est et sud de l'Australie. Elle hante les grandes forêts sous les cieux humides ce qui a une influence sur le vert intense de son plumage. Dans les régions tropicales du nord du continent australien vit une sous-espèce, le *Platycercus elegans nigrescens,* dont les jeunes quittent le nid avec un plumage presque entièrement rouge. Chez d'autres sous-espèces, comme *P. e. elegans* et *P. e. melanoptera,* les jeunes sont encore verts quand ils quittent le nid (2). Des oiseaux vivant au sud ont été rencontrés à une altitude de

2000 mètres, là où règnent la neige et la gelée en hiver. Dans la nature cette Perruche se nourrit de fruits, de semences d'eucalyptus et d'autres arbres, partiellement aussi d'insectes.

1

2

La couleur de la femelle ne se différencie pas de celle du mâle (1), la tête de la femelle seulement est plus petite et la racine du bec plus étroite. Le crâne (3) a une nette protubérance au bord inférieur de l'os de la nuque.

Platycerque, ou **Perruche omnicolore** — Psittacidés
Platycercus eximius — *Psittacidae*

Pour les débutants dans l'élevage des perruches d'Australie, le Platycerque est l'une des espèce; qui conviennent le mieux. Cette Perruche se plaît aussi bien dans une cage que dans une volière d'intérieur ou de jardin. Naturellement, ce qui lui convient le mieux, c'est encore le jardin. Elle résiste à l'hiver, et se contente d'une volière de 2 m de long. Elle ne détruit pas le bois, on peut donc en utiliser dans les montants et la toiture de la volière. On peut garder un individu solitaire, et c'est surtout le mâle qui s'apprivoise vite. On lui apprendra quelques mots, et aussi à siffler une courte mélodie, ce qu'il fera sur un ton de flûte.

On nourrit le Platycerque comme toutes les autres espèces de perruches d'Australie : tournesol, millet, semences d'herbe, pommes, carottes, sorbes et verdure. Au moment du nourrisssage des petits on y ajoutera des pâtées à l'œuf et au pain blanc trempé.

L'espèce n'est pas exigeante en ce qui concerne le nid. Le nichoir aura environ 40 cm de haut, 25 cm de côté et l'ouverture d'envol un diamètre de 8 cm. Au cours de la pariade, le mâle étale les plumes de sa queue et les secoue. La ponte réunit 4 à 9 œufs blancs. La femelle en pond un tous les deux jours, et se met régulièrement à couver après avoir pondu le troisième. Les petits naissent au bout de 20 à 21 jours et quittent le nid à l'âge de quatre semaines. Les jeunes sont répartis de façon assez équilibrée quant au sexe. Si on laisse le Platycerque nicher trop jeune, on doit s'attendre à un échec. La Perruche omnicolore niche souvent deux fois par an. De nombreux éleveurs l'utilisent pour couver d'autres espèces plus rares.

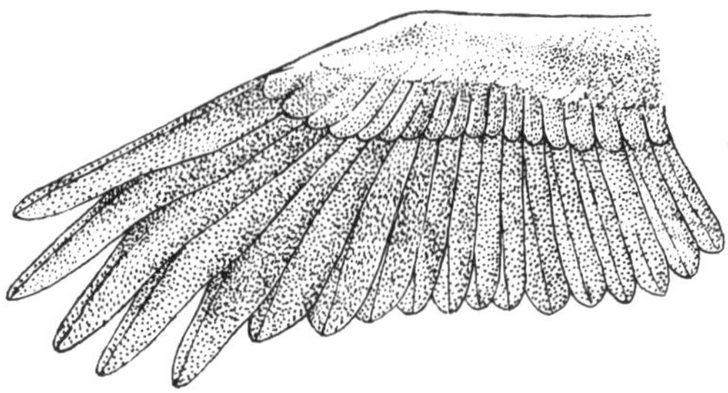

2 ♂

3 ♀

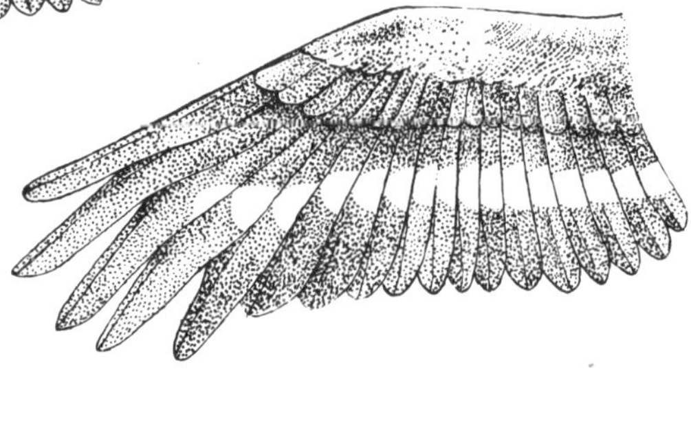

A l'âge adulte, la Perruche omnicolore atteint une longueur de 30 à 32 cm. La femelle ressemble au mâle (1) mais elle a la tête un peu plus petite, le rouge de son coloris est plus terne et moins étendu et les taches de ses joues sont également plus petites. Les jeunes ont le plumage plus mat, la tête et le cou plus verts que rouges. Les jeunes mâles sont plus forts que les femelles et ils ont la tête plus rouge qu'elles. L'aile du mâle (2) est le plus souvent dépourvue de barre tandis que la femelle a le bas de l'aile traversé par une bande claire (3).

Dans la nature, deux sous-espèces de ce Platycerque habitent les régions sud-orientales de l'Australie. Une troisième sous-espèce, *Platycercus eximius diemensis*, vit en Tasmanie.

Quoique originaire de la savane, on peut rencontrer ce bel oiseau dans les régions cultivées ainsi que dans les parcs des grandes villes. Il niche dans les troncs creux et aussi dans les trous de souches, toujours pas très haut au-dessus du niveau du sol.

Perruche palliceps
Platycercus adscitus

Psittacidés
Psittacidae

Il y a quelques années encore, cette perruche était une rareté dans les élevages européens mais de nos jours c'est une espèce très appréciée et couramment élevée. Ce qui lui convient le mieux est une volière de jardin qu'il n'est pas nécessaire de chauffer, mais qui doit être bien sèche et à l'abri des courants d'air.

On donne à manger à ces Perruches du tournesol, de la semence d'herbe, un peu de chènevis, du panic, beaucoup de semences d'herbes folles, du mouron des oiseaux, des pommes et des carottes. Au moment du nourrissage des petits, on y ajoutera des graines germées, du petit pain trempé et écrasé, une pâtée à l'œuf, et on augmentera la dose de carotte, de pommes et de mouron.

On constatera aisément que les oiseaux s'apprêtent à nicher en voyant toujours le couple l'un près de l'autre, puis le mâle se met à nourrir la femelle qui commence à visiter le nichoir. L'accouplement se passe très tôt le matin ou plus tard vers le soir. La ponte compte 3 à 8 œufs de 27 × 23 mm. L'incubation dure de 22 à 24 jours. Ces Perruches aiment que leur nichoir soit haut perché, elles y trouvent plus de tranquillité, car le mâle ne dérange pas la femelle qui couve. Certaines femelles sont vite dérangées, d'autres au contraire supportent très bien un contrôle du nid assez fréquent. Certaines Perruches palliceps nichent deux fois par an. Les oisillons se développent lentement et ne quittent le nid qu'au bout de 32 à 35 jours. Les jeunes des Perruches palliceps ont tous des couleurs plus ternes que celles des adultes, et leur tête est d'un brun-rouge olivâtre. Ils acquièrent leur coloration définitive à l'âge de 12 à 15 mois. Reconnaître le sexe est assez difficile, et on le distingue mieux chez les oiseaux qui viennent de quitter le nid que chez les jeunes plus développés. Les jeunes mâles ont la tête plus forte et le bec plus large.

Adultes, les Perruches atteignent au maximum 33 cm de long, et les deux sexes sont à peu près de la même couleur. Toutefois le dessin sur la tête de la femelle est moins marqué et sur le dessous de l'aile, une nette bande claire (3) est représentée chez la forme *Platycercus adscitus palliceps.* On la rencontre au nord-est de l'Australie depuis la péninsule d'York jusqu'au nord de la Nouvelle-Galles du Sud. La systématique en reconnaît deux sous-espèces. La plus fréquente est la *Platycercus adscitus palliceps* (1), la sous-espèce nommée *Platycercus adscitus adscitus* (2) vit dans la péninsule de York. Cette forme est un peu plus petite.

3 ♀

Dans son aire géographique cette perruche niche de février à juin. Elle se nourrit des fruits de l'eucalyptus et des

1

2

fleurs des arbres de la famille des *Melalucca.* Le biotope du Platycerque est la savane où il recherche au sol des graines de toutes sortes. Ces Perruches volent cependant vers les plantations d'arbres fruitiers et les champs de maïs et de tournesol. Dans la nature, elles mangent aussi divers insectes.

Perruche de Stanley — Psittacidés
Platycercus icterotis — *Psittacidae*

Cette Perruche, grande favorite des amateurs, est originaire d'Australie. On la gardera aussi bien au jardin qu'en chambre, en cage ou en volière. Sa voix a un doux son de flûte; elle est familière et paisible si bien qu'on peut la recommander aux éleveurs débutants. Les jeunes oiseaux, surtout les mâles, deviennent extraordinairement familiers quand l'homme s'en occupe pour les apprivoiser.

Cette espèce est peu exigeante quant à la nourriture. On lui offre du tournesol, diverses sortes de millet, du niger, de la graine de lin, de l'avoine, du froment, du mouron des oiseaux, de la graine de laiteron, de la bourse à pasteur, du plantain, de la carotte, des pommes et autres fruits. Au moment du nourrissage des petits, on y ajoutera une pâtée à l'œuf.

L'installation ne doit pas être vaste. La construction peut se faire en bois, cette perruche ne l'attaquant pas. Il faut un espace couvert, mais il n'est pas nécessaire de chauffer en hiver. Parfois de jeunes oiseaux d'un an nichent déjà avec succès même avant d'avoir acquis leur coloris d'adultes. Le nichoir aura 25 × 25 cm à la base, avec une hauteur de 30 à 50 cm. Certains éleveurs se trouvent bien de nichoirs encore plus hauts, d'autres au contraire obtiennent les meilleurs résultats avec des nichoirs plus bas. La couvée réunit 3 à 8 œufs blancs de 26 × 22 mm que la femelle couve pendant 21 à 25 jours. Les petits sont nourris au nid pendant le même temps que leur incubation, parfois un peu plus longtemps; le mâle juvénile a souvent des couleurs plus vives et la tête plus grosse que la femelle. Cette Perruche reçoit son coloris définitif à l'âge de 12 à 15 mois.

3

L'habitat naturel de la Perruche de Stanley ne s'étend que dans la partie méridionale de l'Australie occidentale. Ce sont des oiseaux tout à fait ordinaires, qui ne se rassemblent pas en grandes bandes si bien que le dommage qu'ils peuvent causer aux cultures de céréales ou aux vergers est absolument négligcablc. Les magnifiques couleurs de cet oiseau et sa facilité d'apprivoisement en font l'objet de la convoitise de l'homme qui les pourchasse. Dans la nature, cette perruche est très silencieuse surtout

pendant la journée et elle recherche alors l'ombrage des eucalyptus. Elle s'agite surtout au petit matin et à la tombée de la nuit, c'est alors qu'elle recherche sa nourriture. Ce n'est pas un oiseau migrateur.

La Perruche de Stanley atteint 27 cm de longueur. Le mâle (1) se différencie de la femelle (2) par sa couleur. L'oiseau juvénile est surtout vert, il n'a pas de tache au col et la couleur rouge du ventre et de la tête n'est indiquée que par quelques plumes (3).

Perruche à croupion rouge Psittacidés
Psephotus haematonotus *Psittacidae*

Outre la perruche ondulée et l'euphème ou perruche calopsitte, la Perruche à croupion rouge est l'une des espèces le plus souvent gardées en volière. Elle convient bien aux débutants et les éleveurs chevronnés l'apprécient comme nourrice pour les espèces plus rares qui doivent cependant appartenir à une famille apparentée. Un autre avantage de la Perruche à croupion rouge c'est que l'on peut distinguer le sexe même chez les très jeunes oiseaux. Le jeune mâle ou femelle, est tout de suite coloré comme ses parents sauf que les tons de son plumage sont plus ternes. On peut sans crainte laisser cette Perruche tout l'hiver dehors, les plus grandes gelées ne l'incommodent pas. Elle se trouve bien dans une cage d'un mètre de long, voire plus petite. Elle niche régulièrement deux fois l'an, parfois trois. Pour élire son nid elle n'est pas très regardante, il lui suffit d'un nichoir de 25 × 25 × 30 cm avec une ouverture de 6 cm de diamètre. On en garnit le fond d'un mélange de tourbe et de sciure de bois. La femelle pond 4 à 8 œufs blancs de 24 × 19 mm et elle les couve pendant 20 jours. Le mâle lui apporte assidûment la nourriture au nid qu'elle ne quitte presque jamais. L'oiseau n'est pas vite dérangé, et si on ouvre la cage pour un contrôle la femelle ne quitte pas son nichoir pour autant. Les jeunes sortent du nid à l'âge de 4 semaines et les parents continuent à les nourrir encore pendant 2 à 3 semaines. Une nichée comporte toujours plus de mâles que de femelles. Dès que le vieux mâle se met à pourchasser les jeunes de son sexe, il faut les séparer sans attendre.

La nourriture de base de la Perruche à croupion rouge se compose de graines de tournesol, semences d'herbe, diverses sortes de millet, un peu de chènevis, du niger, des semences d'herbacées sauvages et des feuilles de mouron des oiseaux.

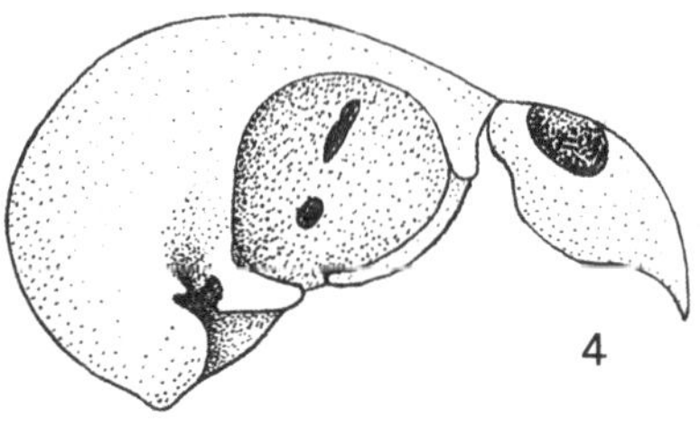
4

La Perruche à croupion rouge mesure 27 à 28 cm. Le plumage bariolé du mâle (1) se distingue nettement du gris-vert de la femelle (2). Sur la mandibule supérieure d'un oisillon d'un jour (3) on peut bien voir la dent de l'œuf. Le creux des orbites est profondément marqué sur la face (4). Des éleveurs sont parvenus à produire une mutation aux couleurs pastel plus claires (5). La Perruche à croupion rouge existe en deux sous-espèces qui diffèrent quant à la taille et à l'intensité du coloris. Elle vit au sud-est de l'Australie, son aire s'étendant du Queensland méridional, par la Nouvelle-Galles du sud et l'Etat de Victoria jusqu'à l'est de l'Australie

1 ♂

2 ♀

5

3

méridionale. Les couples, qui vivent ensemble toute l'année, s'éclaircissent mutuellement le plumage, ce qui s'observe assez rarement chez les perruches australiennes. Cette espèce niche non seulement dans les troncs ou branches creux, mais aussi dans les trous de berge de ruisseau, sous le toit d'une maison, etc.

Perruche à tête d'or Psittacidés
Cyanoramphus auriceps *Psittacidae*

Parmi les perruches de Nouvelle-Zélande c'est celle qui est le plus souvent élevée. C'est un oiseau familier, paisible, s'apprivoisant facilement et qui élève bien ses petits. Les jeunes Perruches élevées par l'homme deviennent très aimables, dociles, et apprennent à répéter des mots. On peut en garder un seul individu. Comme la Perruche à tête d'or se tient beaucoup au sol elle n'a pas besoin de nombreux perchoirs, ses fortes pattes lui permettent de courir verticalement sur le grillage sans qu'elle ait besoin de s'aider de son bec. Sa voix est agréable : on dirait un bêlement de petit chevreau, en plus faible. Cette Perruche se baigne très souvent. En dépit de sa petite taille, on lui procurera autant que possible une longue cage afin qu'elle puisse y voler assez. Elle supporte très bien l'hiver européen.

On lui donne à manger du tournesol, de la semence d'herbe, du chènevis, de l'avoine, du froment, de la verdure, diverses semences d'herbes sauvages, de la carotte râpée, pomme, fraises, sorbes et bourgeons d'arbres fruitiers. A la saison du nourrissage des petits on ajoutera à ce menu une pâtée à l'œuf.

Pour nicher, il suffit à ces Perruches d'un nichoir à étourneau que l'on accrochera dans la partie couverte de la volière. La couvée sera de 4 à 9 œufs blancs que la femelle réchauffera pendant 19 à 21 jours. Après l'éclosion, les jeunes resteront au nid environ 5 semaines, et c'est principalement la femelle qui les nourrit en leur donnant les aliments que lui apporte le mâle. Une fois plus grands, les jeunes sont encore nourris un moment par leur père aussi. Les jeunes oiseaux s'accouplent déjà à l'âge de 5 mois. Comme ils se tiennent beaucoup au sol, ces oiseaux sont enclins à être souillés par des parasites qui attaquent leurs intestins, surtout les ascarides.

2

La Perruche à tête d'or, sous-espèce nominale (1), est originaire de la Nouvelle-Zélande et atteint une longueur de 23 cm. Dans les îles de Chatman et Petit Mangere on peut rencontrer la sous-espèce *C. a. forbesi.* La taille et le bec de la femelle de Perruche à tête d'or sont beaucoup plus petits que ceux du mâle, l'iris étant rouge-orange. Les oiseaux juvéniles ont des yeux foncés, la couleur du front est plus terne que chez les individus adultes. L'os occipital du crâne (3) est plat. A côté de cette espèce-ci, on élève souvent la Perruche de Nouvelle-Zélande *(C. novaezelandiae)* (2), vivant dans les régions de Nouvelle-Zélande et dans les îles avoisinantes, Norfolk, Nouvelle-Calédonie, Macquarie et Lord Howe.

1 ♂

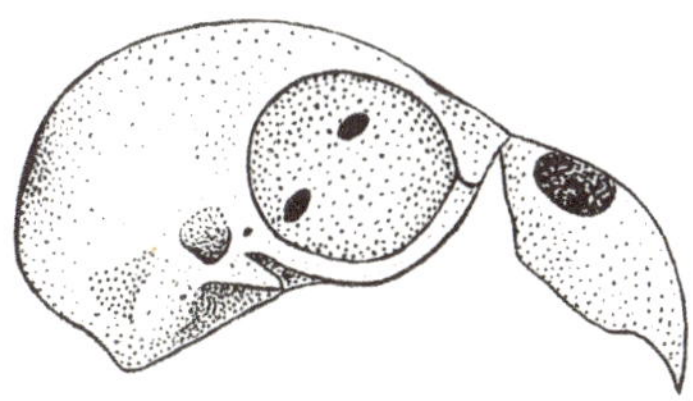

3

Au XIXe siècle, toutes les espèces du genre *Cyanoramphus* étaient pourchassées par des fermiers, l'extinction complète des deux espèces en étant actuellement le résultat. Ces Perruches nichent dans les creux des arbres morts, parfois dans les crevasses rocheuses.

Perruche de Bourke — Psittacidés
Neophema bourkii — *Psittacidae*

Contrairement à d'autres Psittacidés, la Perruche de Bourke ne se signale pas par ses couleurs éclatantes, elle est pourtant appréciée par ses qualités : peu exigeante, calme, vite apprivoisée, elle élève bien ses petits. Sa voix est agréable et mélodieuse. Elle ne mordille pas le bois, si bien qu'on peut installer des plantes vivaces dans sa volière. Elle convient aussi à l'élevage en appartement, soit seule, soit en compagnie d'autres oiseaux.

On lui donne à manger des semences d'herbe, du millet, du panic, un peu de graines de pavot, du niger, de la graine de lin et de petites graines de tournesol. On y ajoute du mouron des oiseaux, de la carotte râpée et, au moment du nourrissage des jeunes, de l'œuf dur écrasé, de la biscotte, des graines germées et de la semence d'herbe pas mûre.

Le nichoir, au fond duquel on étalera une couche de tourbe mélangée à de la sciure de bois, aura comme dimensions approximatives 17 × 17 × 25 cm, avec un trou d'envol de 4,5 cm de diamètre. La femelle pond 3 à 6 œufs blancs de 20 × 17 mm qu'elle couve pendant 18 jours. Les petits quittent le nid à l'âge de six semaines. Ils sont alors quelque peu sauvages mais ils s'apprivoisent très vite. Leur plumage est de la même couleur que celui de la femelle, en un peu plus terne. Ils s'emplument complètement à l'âge de 7 à 9 mois. Deux nidifications par an ne sont pas rares mais il faut empêcher qu'il y en ait une troisième qui serait nuisible à la santé des oiseaux. La Perruche de Bourke peut rendre de grands services en élevant d'autres espèces de néophème et elle élève aussi avec grand succès des couvées de la perruche multicolore et d'autres. Cette néophème convient à l'élevage au jardin, mais elle ne supporte que de faibles gelées (de −5° à −7° C).

Le mâle (1) de cette grande Perruche qui atteint 19 à 21 cm a une bande bleue sur le front, la femelle (2) est dépourvue de cet ornement. Cet oiseau a été découvert en 1835 en Australie du Sud, et a été dénommé en l'honneur du gouverneur de la Nouvelle-Galles du Sud, sir Richard Bourke. En 1841 cette Perruche a été décrite scientifiquement par John Gould. L'oiseau a été élevé pour la première fois en 1867, au jardin zoologique de Londres.

La Perruche de Bourke habite les régions sèches de la steppe désertique de l'Australie centrale. Il est difficile de déterminer avec exactitude son aire géographique car ses vagabondages irréguliers font varier sa répartition. Durant de nombreuses années l'extinction a menacé l'espèce mais, à l'époque

2 ♀

actuelle, elle est en voie de développement. Pour nicher, cette Perruche recherche un trou d'arbre à environ 3 mètres au-dessus du sol (3). Elle quête sa nourriture surtout à terre, où la couleur de son plumage constitue une bonne protection. C'est surtout au petit matin qu'elle s'agite ainsi qu'un peu avant le coucher du soleil.

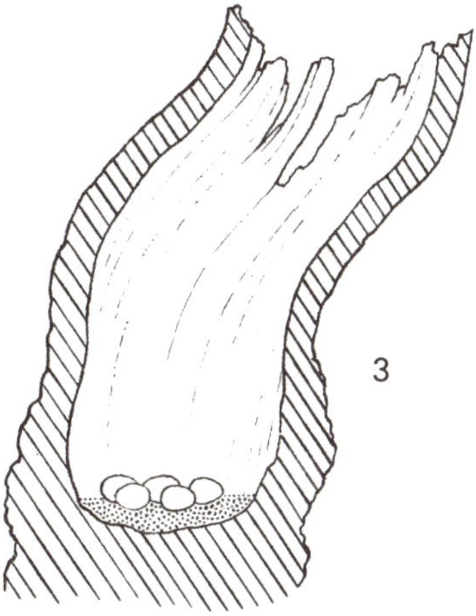

3

1 ♂

Perruche turquoisine Psittacidés
Neophema pulchella *Psittacidae*

Dans les années soixante de notre siècle, la Perruche turquoisine était encore un oiseau rare dans les volières des éleveurs européens. Grâce à sa fécondité, elle s'est répandue avec une extraordinaire rapidité, et, de nos jours, elle est couramment élevée sous nos climats. Sa voix est agréable et mélodieuse.

On la garde en cage aussi bien qu'en volière d'appartement ou de jardin. Elle supporte très bien l'hiver en Europe. Un oiseau élevé en solitaire s'apprivoise vite. Il devient alors un compagnon très agréable. Pour lui, l'idéal est une volière de jardin avec un espace non chauffé, deux mètres de longueur suffisent largement. L'armature de l'installation peut être en bois car la turquoisine ne l'attaque pas. On lui offrira toutefois des branches fraîches à mordiller.

On la nourrit de semences d'herbe, diverses sortes de millet, niger, graine de lin, un peu d'avoine, du tournesol. Il ne faut pas qu'elle manque de pomme, carotte, mouron des oiseaux, semences d'herbes folles. Au moment du nourrissage des oisillons on ajoutera au menu du panic germé et de l'œuf dur écrasé.

La turquoisine n'est pas exigeante pour nidifier. Elle se contente d'une petite niche carrée ou ronde pour dormir, et où la femelle pondra sur un fond de tourbe mélangée à de la sicure de bois 4 à 6 œufs blancs de 23 × 18 mm. Elle les couve pendant 18 à 20 jours et les petits sont élevés en trois semaines. Après leur envol du nid, ils sont encore nourris trois autres semaines par leurs parents avant de devenir complètement indépendants. Il faut alors les placer ailleurs, car les adultes recommencent souvent à nicher. Ils ne sont pas facilement effrayés quand on contrôle l'intérieur du nid.

Dans son aire de répartition naturelle, en Australie, la Perruche turquoisine devient rare et elle est portée sur la liste des oiseaux protégés dans le monde entier. Elle vit, de façon très sporadique, dans les régions du sud au Queensland, en Nouvelle-Guinée du Sud et au nord de l'Etat de Victoria. Elle hante les régions semi-steppiques à végétation rare où elle recherche une souche creuse pour nicher. Elle quête sa nourriture principalement au sol.

4 ♀

5 ♂

Le mâle (1), de 20 à 21 cm de long, a la tête bleue et des taches rouges sur l'épaule. La femelle (2) est dépourvue de ces taches rouges et le bleu de sa tête est plus terne. On peut observer de nos jours, chez beaucoup de ces oiseaux, l'apparition de taches d'un rouge-orangé sur le ventre (3). On n'en connaît pas la raison, mais elle ne doit pas résider en un croisement avec d'autres espèces. La femelle a une bande blanche sur le dessous de l'aile (4) et le mâle a le dessous de l'aile d'une seule couleur (5).

3

Euphème resplendissante Psittacidés
Neophema splendida *Psittacidae*

Il n'y a même pas vingt ans, cette Euphème à tête bleue était extraordinairement rare en Europe. Beaucoup d'éleveurs ont connu avec elle bien des déboires aux débuts car l'oiseau, à l'origine habitué aux déserts, ne supportait pas l'humidité du climat et nombreux étaient ceux qui en mouraient. L'acclimatation s'est faite lentement, elle se poursuit cependant, et actuellement cette néophème est déjà assez nombreuse dans les élevages.

On lui donne à manger des semences d'herbe, du millet, du panic, de petites graines de tournesol. On y ajoute un peu de niger, des graines de pavot, des graines de lin, des semences de salades et un peu de chènevis. Il ne faut pas non plus que l'oiseau manque de carotte, pomme, mouron des oiseaux, semences d'herbes folles à moitié mûres.

On peut garder en chambre l'Euphème resplendissante, dans une grande cage ou une volière; toutefois une volière de jardin avec un espace couvert lui conviendra mieux. La partie couverte doit être absolument sèche et à l'abri des courants d'air. Il faut aussi qu'un chauffage soit possible en cas de gelée, de brouillard ou de forte humidité de l'air. Pour la nidification, un nichoir rond ou carré lui conviendra. Dans la nature comme en captivité certaines femelles se plantent entre les plumes du croupion des bribes de feuilles et des brins d'herbe de 3 à 4 cm pour les porter ainsi au nid et le garnir. Les brins d'herbe et les feuilles procurent aux œufs une certaine humidité. La ponte réunit 3 à 6 œufs blancs de 23 × 19 mm, les petits éclosent au bout de 19 jours environ. Quand ils ont quitté le nid, les parents les nourrissent encore partiellement. Il ne faut pas se hâter de séparer les jeunes de leurs parents, car chez cette espèce les adultes sont très aimables vis-à-vis des jeunes.

L'Euphème splendide est originaire d'Australie où elle vit dans les biotopes secs, semi-désertiques de l'intérieur, dans les régions méridionales du continent. Dans la nature, l'Euphème splendide niche dans les creux des branches d'arbres bas ou de buissons. Elle recherche sa nourriture au sol, où elle picore de préférence les semences d'une herbe de la famille *Spinifex*.

L'Euphème atteint une longueur de 21 cm. Le mâle (1) a une magnifique tache rouge sur la poitrine, la femelle (2) est dépourvue de cet ornement. Les jeunes ressemblent à la femelle, mais leurs couleurs sont plus ternes. Habitante naturelle des régions sèches, cette espèce boit très peu, mais en dépit de cela en captivité certains individus se baignent volontiers. Les éleveurs ont sélectionné une variété bleue (3) et une variété jaune (4) qui, toutefois, restent encore très rares.

Perruche ondulée

Melopsittacus undulatus

Psittacidés

Psittacidae

La Perruche ondulée est l'un des Psittacidés les plus connus et le plus souvent importés et gardés en captivité. Son élevage est très facile. Dès 1805 le savant anglais G. Shaw en a fait la description scientifique. Toutefois c'est J. Gould qui l'a fait connaître en l'introduisant en Angleterre en 1840. Dans les années suivantes, on en a importé de si grandes quantités qu'il a fallu en interdire la sortie d'Australie.

On peut garder la Perruche ondulée en appartement, en tant qu'oiseau complètement apprivoisé elle viendra se poser sur votre main pour répondre à votre appel. Cette Perruche apprendra tout aussi bien à répéter quelques mots, assez nombreux même. Pour en faire l'élevage il suffit d'un couple en cage ou en volière. L'éleveur, s'il veut obtenir des sujets d'exposition, doit garder les individus séparés afin qu'il n'arrive point de croisement spontané et de pouvoir garantir l'hérédité. Cependant on peut garder beaucoup d'oiseaux ensemble dans une grande volière, ce qui leur permettra de choisir leur partenaire. Les couples qui s'établiront seront permanents.

L'alimentation de cette Perruche est simple : diverses sortes de millet, semences d'herbe, avoine décortiquée et non décortiquée, mouron des oiseaux, pomme. L'oiseau est sans exigence aucune en ce qui concerne son nichoir qui peut être dressé ou couché, d'une base de 20 × 20 cm, hauteur de 25 à 30 cm, diamètre du trou d'envol 6 cm. Dans le fond du nichoir on creusera au burin un creux pour le nid, en forme de soucoupe, que l'on garnira d'un peu de sciure de bois. La ponte réunit 5 à 6 œufs, rarement jusqu'à 10, des œufs blancs de 19 × 14 mm. La femelle commence à couver après la ponte du deuxième œuf et au bout de 17 à 18 jours, les petits commencent à naître à un jour d'intervalle. Les oisillons sont nourris au nid par leurs deux parents pendant 5 semaines. Quand ils auront quitté le nid depuis 15 jours, on les placera en un autre endroit.

Cette Perruche est très résistante et l'on peut sans crainte la laisser toute l'année en volière de jardin.

La Perruche ondulée vit dans toute l'Australie à l'exception des régions côtières. Elle atteint 19 cm. Dans la nature on n'en rencontre que des vertes (1). Lors des grandes sécheresses, des migrations ont lieu, en grandes bandes. Les Perruches vont vers les endroits où il a plu récemment, et elles se mettent à nicher dès leur arrivée. Quand les petits sont élevés, elles disparaissent à nouveau. En période de sécheresse elles recherchent des abreuvoirs et parfois des dizaines de milliers de Perruches se rassemblent autour d'un point d'eau. Les

2

3

1 ♂

7 ♂

8 ♀

jeunes oiseaux ont le bec d'un bleu blanchâtre (2); sur le bec d'un oisillon d'un jour on peut encore bien voir la dent de l'œuf (3). Par sélection, des éleveurs ont obtenu de nombreuses mutations de coloris. En 1872 déjà on a obtenu les premières Perruches ondulées couleur jaune d'œuf (4), puis la variante violette (5), la grise (6), etc. Chez la Perruche ondulée d'origine, le mâle a le bec bleu (7) tandis que la femelle l'a brun (8). Ceci ne vaut pas pour certaines mutations, surtout les formes pâles.

Jacquot, ou **Perroquet gris** *Psittacus erithacus*

Psittacidés *Psittacidae*

Dans l'art de reproduire des mots, le Jacquot vient certes en tête de tous les concurrents. Non seulement il imite l'accent de son maître mais encore est-il capable de les prononcer à bon escient. Par exemple, le soir il dira «bonne nuit» et le matin «bonjour». Un Perroquet gris bien apprivoisé en arrive, en captivité, à oublier ses propres cris naturels.

On lui donne à manger : graines de tournesol, arachides, noix, biscuit, fruits, divers légumes, fromage blanc dur. Certains éleveurs conseillent de la viande de veau bouillie.

Pour les oiseaux élevés seuls, ce qui convient le mieux est une grande cage carrée, avec des plats de porcelaine solidement fixés et une porte qui ferme très bien. Une ou deux fois par semaine on aspergera l'oiseau avec un fin vaporisateur ou bien, en été, on l'exposera à la pluie tiède. Un tel Perroquet peut vivre longtemps, jusqu'à 70 ans et plus. Certains individus ne s'apprivoisent jamais complètement tout en répétant très bien les mots. Si on veut en essayer l'élevage, on placera un couple en volière de jardin. Cette dernière sera obligatoirement en fort treillis sur cadre métallique et comportera un espace abrité. Pour un éventuel hivernage à l'extérieur, cet espace abrité sera chauffé. Le nichoir aura de solides parois de 35 × 35 × 60 cm avec une ouverture de 12 cm de diamètre. La femelle pond 2 à 4 œufs à 3 jours de distance et elle les couve 29 à 30 jours. Les jeunes ont les pattes et le bec clairs. Ils quittent le nid à l'âge de 10 jours.

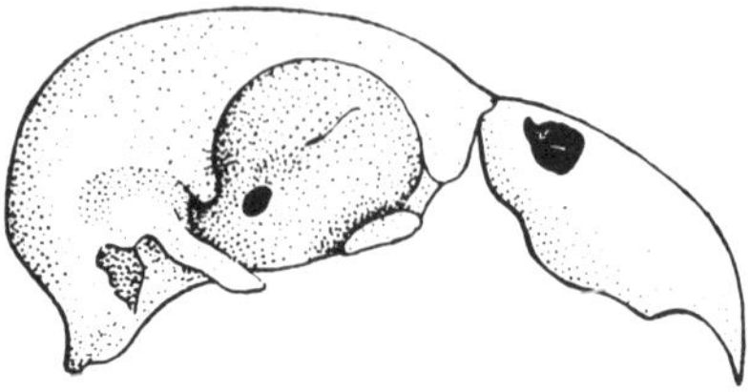

2

Chez ce Perroquet de 36 cm de long, le sexe est difficilement reconnaissable. Toutefois la femelle a la tête, le bec et tout le corps plus petits que le mâle. Le Jacquot vit en Afrique, dans les forêts des régions occidentales de la Guinée, en Sierra Leone, au Libéria, en Côte d'Ivoire, au Congo et en Angola. Dans les régions plus au sud existe une sous-espèce plus claire, *Psittacus erithacus erithacus* (1). Dans les régions plus au nord vit une sous-espèce plus rare, *Psittacus erithacus timneh.* Sur les îles Principe et Fernando Po, dans le golfe de Guinée, on trouve la sous-espèce *Psittacus erithacus princeps.*

En dehors de la saison des nids le Jacquot (ou Jaco) vit en communauté. Il passe la nuit dans les grands arbes. Chaque matin, des bandes de perroquets entreprennent de grands raids à la recherche de la pâture qui se compose de divers fruits et graines. Le crâne du Jacquot (2) est anguleux avec une grande mandibule supérieure et un puissant vertex qui rejoint l'apophyse occipitale.

1

Perroquet du Sénégal Psittacidés
Poicephalus senegalus *Psittacidae*

On garde le Perroquet du Sénégal, seul, en cage d'appartement, ou en couple dans une cage ou une volière, au jardin. Il passera l'hiver à une température entre 10° et 12° C. Quand ils sont bien soignés, les jeunes oiseaux de cette espèce deviennent des compagnons très agréables et paisibles. Pour les apprivoiser, il vaut mieux avoir des jeunes, ce que l'on reconnaîtra à l'iris sombre qui tourne au jaune chez les adultes vers l'âge de 12 mois.

Dans la cage, il sera bon de placer des perchoirs en fort bois de chêne ou de hêtre. Si l'on tente d'en faire l'élevage, on placera les oiseaux en volière de jardin. Le plus difficile, c'est la détermination du sexe, qui se complique encore si les oiseaux sont âgés, et par les différences entre les sous-espèces. Souvent on n'y arrive qu'en observant le comportement des oiseaux. Pour nicher, ce qui leur va le mieux est un nichoir naturel, n'empêche que des petits sont déjà nés dans des caissettes. Le mâle exécute sa danse nuptiale en étalant ses ailes en éventail, en hérissant les plumes de son occiput et du cou, tout en émettant des sons particuliers. La femelle pond en moyenne 3 œufs qu'elle couve pendant 22 jours. Pendant ce temps-là, le mâle se tient d'habitude très près de l'ouverture du nichoir. Les jeunes, une fois éclos, restent encore au nid pendant 11 semaines. Les jeunes oiseaux ont une petite capuche gris foncé et les joues gris cendré.

On alimente le Perroquet du Sénégal de tournesol, avoine, semences d'herbe, diverses espèces de noix et noisettes, maïs, pommes et carottes. Tous n'acceptent pas une nourriture molle.

4

Le Perroquet du Sénégal atteint une longueur de 24 cm. La femelle ne se distingue pour ainsi dire pas du mâle (1), seules quelques-unes ont le plumage de couleur plus terne. On remarque chez le mâle le jaune tirant sur le rouge orangé du ventre(2). Sur la tête d'un petit né d'un jour, on voit nettement la dent de l'œuf et les grandes cavités auriculaires (3).

Ces Perroquets sont originaires de l'Afrique occidentale, où ils vivent en trois sous-espèces du Sénégal au Cameroun. La plus belle sous-espèce est *Poicephalus senegalus versteri,* avec un ventre d'un ton orange très vif. Dans leur patrie les

1 ♂

2 ♂

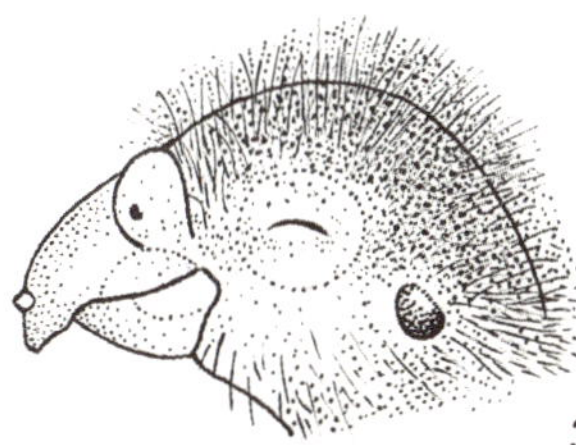

3

Perroquets du Sénégal sont très abondants et causent des dommages dans les bananeraies et les plantations de maïs. *Poicephalus meyeri* (4) est une espèce apparentée, très joliment colorée avec son crâne jaune, et également souvent importée.

Inséparable à tête grise

Psittacidés

Agapornis cana

Psittacidae

L'élevage de cette intéressante perruche aux belles couleurs, avec un dimorphisme sexuel bien marqué, réussira le mieux en volière d'appartement. On en a cependant déjà élevé en cage aussi bien qu'en volière de jardin. Cet élevage n'est pas toujours facile, il dépend surtout de l'établissement du couple. La plupart des oiseaux d'importation récente s'efforcent de nicher en automne, même dans les conditions climatiques européennes. Pour nidifier, ce qui convient le mieux à cette Inséparable, c'est un nichoir pour perruche, c'est là-dedans qu'elle passera d'ailleurs la nuit. Parfois elle apporte à l'intérieur du nichoir très peu de garniture, dans d'autres cas elle y amènera une très grande quantité de matériau. Ce seront des brins d'herbes diverses, de mouron des oiseaux, des bribes d'écorces de sureau noir ou de saule ou bien de conifères — surtout de mélèze. La femelle porte ce matériau de garnissage dans le nid, en l'encastrant parmi les plumes de son dos. Elle pond 4 ou 5 œufs de 19,2 × 16,0 mm qu'elle couve pendant 22 jours. Les jeunes quittent le nid à l'âge de 5 semaines. Ensuite c'est principalement le mâle qui prend soin d'eux tandis que la femelle se prépare à une nouvelle nidification.

Des oiseaux bien acclimatés supportent de faibles gelées. Des jeunes pris au nid et élevés artificiellement s'apprivoisent bien et deviennent très familiers. La voix de cette Inséparable sonne comme «tchilp — tchilp».

Pour la nourriture ces Inséparables sont peu exigeantes. Aux oiseaux récemment importés, on donnera de la semence d'herbe, du millet du Sénégal en épis, tandis que les oiseaux déjà acclimatés accepteront volontiers le millet et le panic, et comme verdure surtout du mouron des oiseaux. Au moment du nourrissage des petits, on y ajoutera ces mêmes graines germées et des fruits.

L'avantage de ces perruches de 14 cm de long, c'est la facilité de distinguer les sexes. Le mâle (1) a la tête, le cou et la poitrine gris clair; la femelle (2) est toute verte. Le jeunes mâles récemment importés sont verts, ceux qui sont élevés en captivité acquièrent dès leur sortie du nid une tête grise.

Dans la nature l'Inséparable à tête grise vit à Madagascar et, sous forme de deux sous-espèces, sur les îles environnantes. La sous-espèce nommée *Agapornis cana cana* (1, 2) est un peu plus petite que *Agapornis cana ablectanea* (3) et (4) qui a une coloration un peu plus bleue. En dehors de la saison des nids, ces perruches vivent en bandes et se tiennent à l'orée des bois et des palmeraies d'où elles volent vers les champs de riz pour se nourrir.

Inséparable à face rose Psittacidés
Agapornis roseicollis *Psittacidae*

Pour sa facilité de reproduction, ses jolies couleurs et sa familiarité, l'Inséparable à face rose est l'espèce de perruche le plus souvent élevée. On la garde en cage dans la maison, ou en volière au jardin. Elle peut passer l'hiver dans une chambre non chauffée.

On lui donne à manger : tournesol, semences d'herbe, millet, avoine, pomme, mouron des oiseaux et fruits divers. Au moment de la nidification, on ajoutera à son menu du panic germé et autres graines.

Le nichoir aura 18 × 18 cm à la base, une hauteur de 25 cm et un trou d'envol de 5 cm. Il est bon que le couvercle du nichoir soit amovible pour faciliter le contrôle de la nichée. Avant la nidification, on placera dans la cage ou la volière des lambeaux d'écorce, de petites brindilles de saule de 6 à 8 cm, ou bien du bouleau ainsi que du tilleul, des tiges de plantain, etc. La femelle insèrera ces matériaux dans les plumes de son croupion et les transportera ainsi au nid. Elle y apporte de cette façon 5 à 7 brins en un vol. De ce matériau amené au nichoir, elle bâtira un nid solidement voûté à l'intérieur de la caissette, avec une ouverture en haut. Seule la paroi du fond de ce nid dans le nichoir n'est pas recouverte de brindilles. Il est important que la garniture du creux du nid soit faite de végétaux frais. La ponte, de 3 à 5 œufs, est couvée pendant 22 jours. Les petits restent au nid pendant 5 à 6 semaines et après leur envol le mâle les nourrit encore pendant 2 semaines tandis que la femelle se prépare à une nouvelle nidification. Les jeunes oiseaux volent tout de suite très bien. Dès qu'ils sont indépendants, il faut les séparer de leurs parents car souvent ceux-ci se mettent à les attaquer et à leur mordre les pattes.

Le mâle de l'Inséparable à face rose (1) atteint quelque 15 cm, la femelle est souvent un peu plus grande et sa tête est d'un coloris plus pâle. Les jeunes ont le bec gris-noir et leur teinte rose tirant sur le rouge est plus terne. De nos jours on en élève quelques mutations, comme par exemple la jaune (2) et la bleu pastel (3).

Ces Inséparables sont originaires du sud-ouest de l'Afrique où elles habitent les régions sèches au bord des déserts mais toujours à portée d'une source d'eau. En dehors de la saison des nids elles vivent en grandes bandes errantes. L'oiseau trahit sa présence par un cri perçant : «tsik — tsiktsik» sonore. Dans la nature, l'Inséparable à face rose niche dans d'anciens creux ou occupe un vieux nid de moineau ou de tisserin.

Inséparable de Fischer Psittacidés
Agapornis fischeri *Psittacidae*

Cette Inséparable aux jolies couleurs est très estimée pour l'élevage en cage ou volière. Certains spécialistes recommandent de ne garder cette perruche que par paire, mais tout récemment on a obtenu de bons résultats d'élevage avec de petites compagnies. En ce qui concerne la reproduction, il faut accorder la plus grande attention à la pureté sanguine des oiseaux, avec des dessins clairs nettement marqués. La cage aura au minimum 80 cm de long. Le nichoir peut être accroché de l'extérieur. Il est recommandé de suspendre plusieurs nichoirs, plus qu'il n'y a de couples dans la volière. Au moment de la nidification, l'oiseau doit avoir à sa disposition des baguettes de saule, des tiges de plantain et autres brins et fétus dont il tissera son nid rond à l'intérieur de la caisse-nichoir. Les matières végétales fraîches donneront aux œufs l'humidité nécessaire. La femelle pond 4 à 8 œufs blancs de 23,3 × 17 mm qu'elle couve pendant 23 jours. Les jeunes sont nourris dans le nid pendant 38 jours. A l'éclosion, ils sont couverts d'un duvet rouge-orangé, leur bec est brun clair, la peau et les pattes de couleur chair. Au douzième jour les pattes deviennent plus foncées et le bec rougit. Un deuxième duvet gris-vert sale apparaît à seize jours. Au bout d'un mois l'oiseau est presque complètement emplumé. Au moment de l'envol, les jeunes ont le bec jaune-rougeâtre avec la pointe rouge clair; à l'âge de deux mois et demi à trois mois, ils ont quelques rayures noires à la racine de la mandibule supérieure.

On nourrit les adultes de tournesol, semence d'herbe, millet, avoine, obligatoirement des fruits divers (surtout de pomme), sans oublier la carotte. Au moment de la nidification on ajoutera à ce menu une pâtée à base d'œuf.

3

L'Inséparable de Fischer atteint 15 cm de long. Le mâle (1) ne se distingue pour ainsi dire pas de la femelle. Certains auteurs déclarent que, chez la femelle, les barbes des pennes intérieures sont d'un noir pur tandis qu'elles sont plus grises chez le mâle. Les barbes extérieures sont plus larges et plus vertes chez le mâle. La partie antérieure du corps des deux oiseaux rutile de couleurs (2). Par des croisements on a obtenu quelques mutations colorées. La mutation bleue à tête blanc grisâtre et ailes bleues est apparue en premier lieu en Californie. Actuellement, on élève aussi une mutation jaune (3) dont l'hérédité n'est pas permanente.

L'Inséparable de Fischer est originaire de la Tanzanie du nord. Dans la nature, cette espèce monte jusqu'à une altitude de 1700 mètres. Elle niche dans les arbres de la famille des acacias, mimosacées et autres, le plus souvent en colonies, du mois de mai au mois de juin.

2

1 ♂

Inséparable masquée
Agapornis personata

Psittacidés
Psittacidae

Encore difficile il y a quelques années, l'élevage de cette espèce d'Inséparable est devenu très à la mode de nos jours, et beaucoup plus aisé qu'autrefois. On élève maintenant cette Inséparable avec succès même en cage d'appartement, à condition de la garder par couples séparés les uns des autres. Il est toutefois possible de réunir plusieurs couples dans une volière de jardin, si l'on a pris la précaution indispensable d'y introduire tous les oiseaux en même temps. Il est conseillé d'y suspendre plus de nichoirs qu'il n'y a de couples. Il suffit d'une caissette de bois de 15 × 15 cm à la base et 25 à 30 cm de haut, le diamètre du trou d'envol étant de 5 cm. L'oiseau devra avoir à sa disposition des baguettes de saule dont il bâtira son nid rond à l'intérieur de la caissette-nichoir. La femelle y transporte toute seule les matériaux. Avant la pariade, le mâle se gratte souvent la tête avec sa patte. La ponte réunit 4 à 6 et parfois jusqu'à 8 œufs de 23,3 × 17 mm que la femelle couve seule pendant 21 à 23 jours. En général, elle se met à couver après la ponte du troisième œuf si bien qu'entre l'éclosion du premier poussin et celle du dernier il y a un intervalle de temps assez long. Les petits frais éclos sont couverts d'un duvet orange tirant sur le rouge. Les jeunes quittent le nid vers l'âge de 44 jours et sont alors encore nourris par leurs parents pendant deux semaines environ.

Il est conseillé de faire passer l'hiver à l'Inséparable masquée en un endroit à l'abri de la gelée. Elle peut cependant supporter le gel, si elle dispose d'un nichoir abrité pour y dormir. On la nourrit come les autres espèces de son genre, la base de son alimentation étant constituée de : tournesol, millet, avoine, panic, de fruits en abondance et de verdure.

Les adultes atteignent une taille de 15 cm. Il est très difficile de distinguer la femelle du mâle (1). Souvent chez la femelle la couleur noire de la tête a des reflets bruns, et parfois elle a la tête un tout petit peu plus grande que le mâle.

2

Les jeunes ont la tête plus brune, et le jaune de leur plumage est moins net (2). Chez cette espèce on a réussi à donner naissance à une série de mutation de coloris dont la bleue paraît la plus belle (3).

L'Inséparable masquée est originaire des régions nord-est de la Tanzanie et du Kenia, où elle vit dans les steppes herbeuses et sèches sur les acacias, les mimosas et les baobabs. Ces perruches aiment se rassembler en groupes de 20 à 40 individus au bord des cours d'eau. Elles nichent dans les trous d'arbres, tout en évitant la forêt dense aux arbres très élevés.

Perruche Alexandre Psittacidés
Psittacula eupatria *Psittacidae*

La Perruche Alexandre est l'une des plus anciennes perruches qu'ait jamais élevées l'homme : dès l'antiquité les riches Romains en élevaient. Sa taille ne convient pas bien à une cage, mieux vaut l'installer en volière de maison ou de jardin, sur une longueur d'au moins 2 mètres. Cette volière sera montée en fort grillage sur tubes de métal et l'espace couvert sera édifié en dur pour résister au grand bec puissant de l'oiseau.

Son alimentation se compose de : tournesol, maïs frais, riz non décortiqué, avoine, froment, beaucoup de fruits, du biscuit et de la verdure. Au moment du nourrissage des petits, on y ajoutera des graines germées et une pâtée à l'œuf. Il est important de mettre en permanence à sa disposition des baguettes fraîches à mordiller.

Comme cette Perruche nidifie très tôt, en février ou en mars, elle se trouvera mieux en volière d'appartement. Dès le mois de janvier on y installera un nichoir d'au moins 60 cm de haut, avec une base de 35 × 35 cm et une ouverture de 9 cm de diamètre. La femelle pond 2 à 4 œufs de 34,0 × 29 mm. Elle les dépose sur une couche humide de sciure de bois mélangée à de la tourbe, que l'on aura préparée à son intention. Par temps très froid, certaines femelles ont des difficultés pour pondre. Il faut donc contrôler regulièrement et soigneusement leur état de santé. La femelle couve ses œufs pendant 23 ou 24 jours, et pendant ce temps-là le mâle lui apporte la nourriture au nid. Après l'éclosion, les petits restent au creux du nid pendant 7 semaines environ. Quand ils prennent leur envol, ils ont la même coloration que la femelle, en un peu plus terne. A l'âge de 18 mois apparaît la tache brune sur l'épaule, et l'âge adulte est atteint dans la troisième année de l'oiseau.

2 ♀

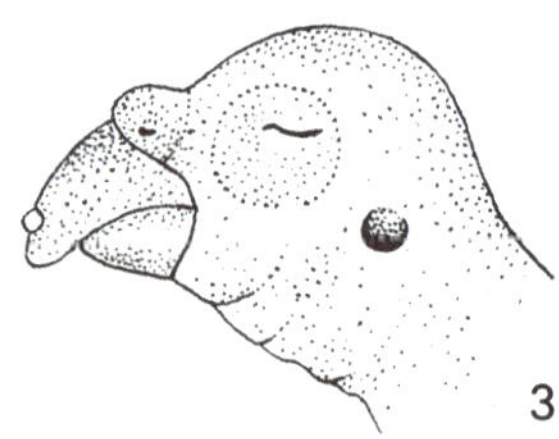

3

La Perruche Alexandre se rencontre sous forme de cinq sous-espèces en Inde, Indochine, Afghanistan oriental, Pakistan occidental, Ceylan et les îles Andaman. Dans la nature, elle erre en grandes bandes après la nidification. Elle vole très bien, à grande vitesse et grimpe très habilement sur les branches d'arbres. Elle ne se pose que rarement au sol. Elle s'avance jusqu'aux régions montagneuses au terrain humide et accidenté avec des arbres touffus.

Cette Perruche peut atteindre jusqu'à 58 cm. Le mâle (1) est orné, au cou, d'un anneau rose sur la nuque, et noir devant et sur les côtés. La femelle (2) est dépourvue de cet ornement. Sur la tête d'un oisillon d'un jour (3) on peut très bien voir la cire renflée et sur le bec la dent de l'œuf.

Des amateurs ont obtenu par sélection des variantes de coloris et sont arrivés à élever des oiseaux jaunes, bleus et blancs.

Perruche à collier rose, ou **Perruche à collier de l'Inde,** ou **Petit Alexandre**

Psittacidés

Psittacula krameri

Psittacidae

L'espèce la plus souvent élevée parmi le genre *Psittacula* est la Perruche à collier rose. Elle présente plusieurs avantages : elle est souvent importée car elle existe en grandes quantités dans la nature, son apparence est élégante, elle est peu exigeante, très résistante et bonne reproductrice. A un oiseau récemment importé, il faut permettre la nidification dès le mois de janvier jusqu'en mars, en volière d'intérieur ou en grande cage. Un oiseau bien acclimaté nidifie au printemps en volière de jardin. Le nichoir aura 30 × 30 × 50 cm environ, avec un trou d'envol de 7 cm de diamètre. On en garnira le fond d'un mélange humidifié de tourbe et sciure de bois. Quand il est en période de pariade, le mâle vole en tous sens, il se pose en étalant sa queue, il lance des appels mélodieux, puis il se met à nourrir la femelle et à lui arracher les plumes de la tête. La ponte est de 3 à 5 œufs de 30,7 × 23,8 mm que la femelle couve pendant 22 jours. Les jeunes quittent le creux du nid au bout de 6 semaines et les parents continuent à les nourrir encore pendant au moins 2 semaines. Les jeunes oiseaux ressemblent à la femelle mais ils sont dépourvus de tout dessin. Ils deviennent adultes et acquièrent le coloris afférent à leur sexe au cours de leur deuxième ou troisième année.

L'alimentation de la Perruche à collier rose se compose de : tournesol, avoine, maïs tendre pas mûr, froment, grand millet blanc, fruits de toutes sortes, carottes, jeunes choux-navets, verdure ainsi que des baguettes fraîches à mordiller. Au moment du nourrissage des petits, on y ajoutera une pâtée à l'œuf, du biscuit trempé, des graines germées et beaucoup de verdure.

Il n'est pas possible de garder la Perruche à collier rose en compagnie d'autres perruches car elle est très intolérante et agressive.

2 ♀

La Perruche à collier rose a la plus vaste aire de répartition entre toutes les perruches. Elle vit en Afrique centrale et orientale, en Egypte, Mauritanie, Zanzibar, dans le golfe d'Aden, d'Oman, au Koweit, en Irak, Iran, en Inde antérieure et postérieure, en Chine du sud-est et à Ceylan. La classification systématique reconnaît quatre formes géographiques. La sous-espèce indienne est plus fréquemment importée que l'africaine.

Le mâle (1) a une bande de couleur sur le cou, la femelle (2) est dépourvue de ce collier. Cette Perruche atteint 40 à 42 cm de long. Au cours des récentes années, des

1 ♂

3 ♂ 4 ♂

éleveurs ont obtenu une mutation bleue (3) et une jaune (4). Bien alimentés, les jeunes se laissent fort bien apprivoiser et sont capables de reproduire divers bruits ainsi que de prononcer des mots. On cite le cas d'une Perruche à collier rose connaissant près d'une centaine de mots. Un oiseau apprivoisé ne lance que rarement son cri naturel.

Perruche à tête prune Psittacidés
Psittacula cyanocephala *Psittacidae*

Une jeune Perruche à tête prune, pour peu qu'elle soit gardée seule, s'apprivoise très vite, elle devient familière et apprend à répéter quelques paroles. Sa petite taille permet d'en tenir un couple en cage. Toutefois une volière de chambre ou de jardin vaudra bien mieux. Une installation au grand air devra être bien abritée, et la température y sera maintenue au-dessus de zéro car la gelée serait fatale aux pattes de cette Perruche comme à celles d'ailleurs de toutes les perruches du genre *Psittacula.*

Si les oiseaux vivent en milieu chauffé, ils ont envie de nidifier dès le mois de janvier, jsuqu'en avril. C'est pourquoi il est bon de les garder en milieu non chauffé mais à l'abri de la gelée afin que la nidification se fasse en une saison plus chaude, quand on pourra placer les petits en volière de jardin. Au cours de la pariade, le mâle va et vient sur son perchoir en émettant des sons chantants. Soudain il s'arrête et fait de rapides révérences. Le nichoir aura environ 20 × 20 cm de base et 30 cm de hauteur. La ponte compte 4 à 6 œufs de 25 × 20,4 mm. L'incubation dure 22 à 23 jours. Les jeunes quittent le nid à l'age de 6 semaines et le mâle continue encore alors à les nourrir pendant un certain temps.

A l'alimentation normale, la même que celle de la Perruche à collier rose, on ajoutera au moment du nourrissage des petits de l'avoine germée, du petit pain trempé et écrasé, du biscuit, de la pâtée à l'œuf ainsi que de la verdure.

Par un élevage méthodique, on a sélectionné une variante jaune chez laquelle, toutefois, la tête reste rougeâtre; et chez une variante bleue sont apparus également des oiseaux tachetés de rouge.

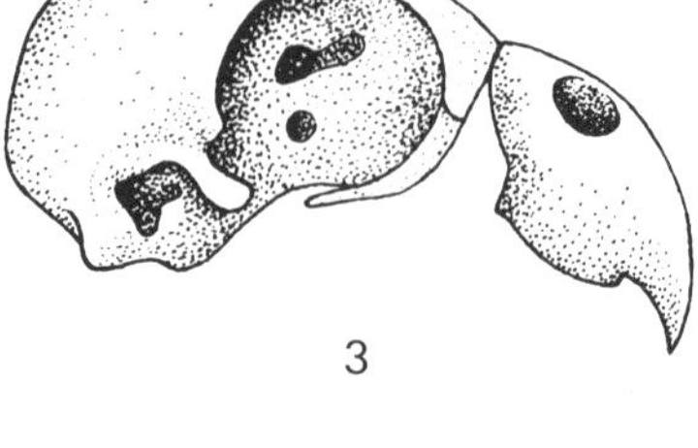

3

La Perruche à tête prune atteint 33 à 35 cm. Le mâle (1) a la tête couleur prune, la femelle (2) a la tête gris-bleu et elle est dépourvue de tache brune sur l'épaule. Les jeunes oiseaux ressemblent à la femelle, ils n'acquièrent leur coloration définitive qu'à l'âge de deux ans. Le crâne de cette Perruche se fait remarquer par de grandes orbites et un occiput renflé (3). L'oiseau est doué d'une grande rapidité de vol, et sa voix est très agréable en comparaison de celle d'autres espèces du genre.

L'aire de répartition géographique de la Perruche à tête prune s'étend sur les biotopes des forêts vierges couvrant Ceylan, l'Inde, le Pakistan, le Népal et le Bhoutan. Parfois de grandes bandes de cette Perruche survolent les régions où s'étendent de vastes plantations d'arbres. Cette Perruche recherche en général sa nourriture en petit groupe, surtout sur les arbres. Elle s'attarde rarement au sol. Elle consomme surtout des fruits et des semences de toutes sortes, et visite les rizières, les champs de blé et de maïs.

Ara ararauna, ou **Ara bleu** — Psittacidés
Ara ararauna — *Psittacidae*

Les perroquets du genre *Ara* sont les plus grands parmi toutes les espèces d'oiseaux de cet ordre. Leur intelligence, leurs belles couleurs, leur capacité d'apprivoisement en font un compagnon favori de l'homme. L'Ara ararauna est, parmi les aras, le plus intelligent et le plus familier. Les jeunes s'apprivoisent facilement; ils apprennent à imiter divers sons, à siffler des airs et à reproduire des mots. Ces qualités font que l'ararauna est, le plus souvent, élevé tout seul. Un oiseau récemment importé sera d'abord placé en cage mais dès qu'on aura pu observer son comportement et sa nature, on pourra l'installer sur un perchoir d'où il ne s'éloignera pratiquement pas. Si l'on est certain de posséder un couple on peut essayer de l'amener à se reproduire, ce qui ne posera pas de grands problèmes si les deux partenaires ont de l'attirance l'un pour l'autre. Au printemps, on installe les Aras au jardin, dans une volière qui ne doit pas être très grande mais qui doit être en métal solide et abritée d'un toit. Le nichoir peut être naturel ou construit en planches, il aura 50 × 50 × 80 cm et l'ouverture d'envol aura un diamètre de 17 cm. On peut déposer le nichoir tout simplement sur le sol de la volière. La ponte compte 2 ou 3 œufs de 46,4 × 35,9 mm que la femelle couve pendant 24 à 26 jours. Les jeunes restent au nid pendant 13 semaines et ils ne seront capables de voler qu'au bout d'une semaine après leur sortie du nid.

On nourrit l'Ara ararauna comme toutes les grandes espèces de perroquets; l'important c'est que l'alimentation soit variée.

L'Ara ararauna est un «géant» parmi les perroquets. Il peut atteindre 90 cm. Il vit dans la forêt vierge des régions occidentales de Panama, en Colombie du Sud, en Equateur, au nord du Pérou, au Venezuela, sur l'île de la Trinité, au Brésil, en Bolivie, au Paraguay et au nord de l'Argentine. Dans la nature, il se nourrit de noix, baies, bourgeons et jeunes pousses sur diverses branches. Le mâle (1) ne se distingue presque pas de la femelle. Parfois cette dernière est plus

2 ♂

3

petite, elle a la tête plus finement structurée, un bec plus fin. Quand le mâle s'excite (2), sa face dénudée et blanchâtre rougit fortement. On n'observe que rarement ce phénomène chez la femelle, et encore ne fait-elle que rosir faiblement. Le jeune (3) ressemble à l'adulte, il a toutefois le bec plus clair, moins recourbé, chez lui l'iris est brun tandis que la cire et la joue nues sont roses. Sur le crâne (4), la mandibule supérieure ressort, très grande, et les orbites sont relativement petites.

Ara militaire
Ara militaris

Psittacidés
Psittacidae

L'Ara militaire est un agréable oiseau de compagnie à qui l'on peut apprendre à prononcer quelques paroles, quoique certains auteurs l'estiment moins doué que d'autres espèces d'aras. Un jeune récemment importé, s'il est bien traité, s'apprivoise très bien et est très docile. S'il est gardé sur un perchoir, en chambre ou au jardin, il ne quitte jamais sa place. Les plats contenant la nourriture et l'eau seront de préférence en porcelaine et très solidement fixés au perchoir, car le bec puissant de l'oiseau peut déployer une très grande force. Pendant l'hiver on gardera cet Ara, tout comme les autres espèces apparentées d'ailleurs, à l'abri de la gelée. L'Ara se baigne peu, il cherche plus volontiers à se rafraîchir sous une pluie tiède, dans ce cas il fait des efforts pour arriver à se mouiller les plumes jusque sous les ailes.

On nourrit ces Aras de tournesol, maïs, arachide, froment, avoine, biscuit, carotte, pomme et autres fruits et on y ajoute des branchettes fraîches à mordiller.

Etant donné que l'Ara militaire est couramment importé, on peut en réunir un couple et tenter la reproduction. Le mieux sera de la faire en volière de jardin. Le nichoir sera vaste, comme pour toutes les espèces d'aras. La femelle pond habituellement 2 œufs blancs de 46,4 × 32,8 mm, et elle les couve pendant 24 à 26 jours. Après l'éclosion, les petits restent très longtemps au nid. Leur voix est criarde, il émettent une sorte de «kraa ... aak» et quand ils volent ils crient encore plus fort. Plus tard, une fois apprivoisés, le plus souvent les jeunes cessent de lancer ce cri naturel.

On a réussi des croisements de l'Ara militaire avec d'autres espèces de cette famille.

2

L'Ara militaire, qui atteint 70 cm, vit dans les plaines mais aussi dans les massifs montagneux du Mexique, de la Colombie, du nord-ouest du Venezuela, de l'Equateur, du nord du Pérou, de Bolivie et du nord-est de l'Argentine. On a constaté sa présence à 3500 mètres d'altitude dans les Andes. Il habite surtout la forêt vierge où il demeure au faîte des arbres pour s'abattre de temps à autre sur les plantations de maïs et d'arbres fruitiers. L'Ara militaire ne niche pas seulement dans les creux des arbres. Au Pérou, on peut en voir de grandes colonies nichant dans les trous des berges et talus sablonneux.

3

1

Le dimorphisme sexuel n'est pas développé chez cet oiseau (1). La systématique reconnaît trois sous-espèces dont *Ara militaris boliviana* (2) qui a une tête joliment colorée. L'Ara militaire est souvent incorrectement désigné par le nom de son apparenté l'Ara vert-jaune *(Ara ambigua)* (3), qui est entièrement d'un vert très pâle, tirant sur le jaune.

Ara macao Psittacidés
Ara macao *Psittacidae*

Cet Ara aux couleurs très vives est le plus souvent gardé, seul, dans une chambre spacieuse, une véranda et, pendant l'été, sur un perchoir au jardin. Les oiseaux importés s'apprivoisent rapidement s'ils sont bien traités. Ils deviennent très familiers et apprennent vite à répéter des mots isolés, plus rarement de courtes phrases. Souvent les jeunes oiseaux en arrivent à ne plus se servir de leur voix naturelle, désagréable et criarde, qui émet une sorte de «rraa ... aar». Cet Ara peut vivre pense-t-on jusqu'à cent ans. On l'alimente de diverses noix et noisettes, tournesol, maïs (surtout encore vert), froment, avoine, pomme et autres fruits, carotte, biscotte, etc. Il ne faut pas négliger de lui offrir des branches fraîches à mordiller.

Etant certain d'en posséder un couple, le printemps venu on le placera au jardin, dans une solide volière de métal fortement grillagée. Pour se reproduire, l'Ara macao doit disposer d'un vaste nichoir. On peut se servir d'un grand tonneau de bois. La femelle pond 2 ou 3 œufs blancs de 47,0 × 33,9 mm et elle les couve de 25 à 27 jours. Le mâle monte la garde devant l'entrée du nichoir. Parfois il y entre pour rendre visite à la femelle, mais jamais il ne couve. Les jeunes sortent du nid 12 jours après leur éclosion. En général un seul petit se développe, deux au maximum.

Au moment du nourrissage des petits, on ajoutera au menu habituel des parents du riz cuit, diverses verdures, de l'œuf cuit dur, des bananes, mandarines, du pain et des substances minérales contenant de la chaux. En hiver, on offrira aux Aras des fruits exotiques et des compotes. L'oiseau passe l'hiver en un endroit à l'abri de la gelée.

L'Ara macao peut atteindre 85 cm. Il vit dans les régions forestières de l'Amérique centrale, en Colombie, dans les Antilles, sur l'île de la Trinité, au sud-est du Pérou, et au Brésil dans les provinces de Santa Cruz et du Mato Grosso. L'Ara se tient dans les grands arbres de la forêt vierge et c'est là qu'il recherche sa nourriture : diverses baies, noix et bourgeons d'arbres ou arbustes.

2 ♀

3

Certaines années les Aras s'avancent jusqu'au littoral où ils causent de grands dommages aux plantations, surtout aux figuiers. A première vue le mâle (1) ne se distingue pas de la femelle (2). A y regarder de plus près, on constate que la femelle a le bec plus petit, plus large et plus recourbé. Les jeunes Aras (3) ont l'iris sombre et la mandibule inférieure grise. Les petites et les moyennes couvertures sont vertes, les scapulaires sont également verts et jaunes au centre.

Ara à aile verte — Psittacidés
Ara chloroptera — *Psittacidae*

L'Ara à aile verte est l'une des plus grandes espèces d'oiseaux de sa famille : il peut atteindre 90 cm. Le plus souvent, on le garde seul car c'est ainsi qu'un oiseau récemment importé s'apprivoise le plus vite, il devient familier et très docile. On peut sans crainte garder un oiseau bien apprivoisé sur un perchoir dans la maison et en été on l'installera au jardin. Dans le cercle de ses éleveurs, l'Ara à aile verte trouvera en général son «favori», que ce soit un homme, une femme ou un enfant. A cet être-là tout est permis, mais pour n'importe quelle autre personne son bec peut se révéler très dangereux (ceci est vrai pour les autres espèces d'aras). Si l'on a l'occasion de s'en procurer un couple et d'installer au jardin une grande volière au treillis solide et avec un toit, on pourra essayer d'en faire l'élevage. Dans cette volière, il faut que les oiseaux aient en suffisance des brindilles fraîches à grignoter. Pour nicher, on leur procurera un gros tronc creux ou un tonneau de bois. En général la femelle pond 2 œufs de 50,0 × 35,4 mm qu'elle couve environ quatre semaines. Pendant la période d'incubation il est important que l'humidité de l'air soit à peu près de 85%. On humectera le sol couvert d'un mélange de tourbe et de sciure de bois; sous le nichoir, on placera un plat humidificateur rempli d'eau. Pendant la période de nourrissage des jeunes, on lui donne un mélange spécial à manger : une tasse de blé égrugé, 2 jaunes d'œuf, 2 cuillères à soupe de poudre de lait : on mélange et on fait cuire jusqu'à ce que la pâtée épaississe. Pour $^{6}/_{8e}$ de cette bouillie, on ajoute $^{1}/_{8}$ de banane, $^{1}/_{8}$ de fromage blanc, de maïs à moitié mûr, du blé germé et des préparations vitaminées. Les petits sont nourris par leurs deux parents. Avant qu'ils ne quittent le nid et n'acquièrent leur complète indépendance, il faut presque 3 mois.

2 ♂

L'Ara à aile verte a comme milieu naturel la forêt vierge, il vit dans les régions orientales du Panama, en Colombie, au Venezuela, au Brésil, en Bolivie du nord et de l'est, au Paraguay et au nord de l'Argentine. Il grimpe dans la montagne jusqu'à 2000 mètres. L'Ara à

4

3 ♀

aile verte se déplace maladroitement au sol. Sa nourriture préférée est la noix d'arec. Il niche très haut dans un trou d'arbre, et la ponte a lieu au printemps, encore avant la saison des pluies. Les Indiens capturent les jeunes et les apprivoisent. Ce perroquet peut vivre 60 à 80 ans.

Le mâle (1) est de la même couleur que la femelle. La tête du mâle (2) est plus grande que celle de la femelle (3) qui a également un bec plus petit. Les jeunes oiseaux (4) ont une queue plus courte, la mandibule inférieure et sa partie du dessus sont d'un gris pâle à la racine, ils ont l'iris de l'œil brun.

Ara à front châtain
Ara severa

Les jeunes oiseaux importés se laissent bien apprivoiser et parviennent à reproduire des paroles humaines, des mélodies et divers sons. Leur voix est douce, on dirait quelque chose comme «ka-dak ... ka-dak ... kee-ka ... kee-ka ... keeka». Ils n'ont pas une grande force dans le bec. Ils aiment à se baigner.

Si on essaye d'en faire l'élevage, on placera un couple d'Aras dans une volière de chambre ou de jardin et on leur fournira un nichoir de préférence naturel, de dimensions minimales de 30 × 30 × 70 cm et 10 cm de diamètre à l'ouverture d'envol. Sur le fond du nichoir, on étalera une épaisse couche de terreau de jardin avec de la tourbe pour assurer une humidité suffisante à l'éclosion des œufs. La femelle pond de 3 à 5 œufs assez grands, de 38,4 × 30,4 mm. Les jeunes éclosent après 24 à 26 jours d'incubation et pendant presque tout ce temps, la mâle reste près de l'ouverture : il nourrit au nid la femelle qui couve et parfois même il passe la nuit auprès d'elle. Les jeunes oiseaux volent vers l'âge de 2 mois.

Pendant le temps de nourrissage des jeunes, on donnera à l'Ara à front châtain la nourriture habituelle à laquelle on ajoutera de l'œuf cuit dur émietté, du riz sucré cuit dans le lait, beaucoup de carotte, de pomme, de verdure et toutes graines germées. Cet Ara aime beaucoup l'inflorescence de laiteron. Il faut aussi qu'il ait à sa disposition des branches fraîches à mordiller.

Dans une grande volière, on peut garder ces Aras en compagnie d'autres oiseaux, mais à la saison de la nidification ils sont agressifs envers ceux-ci. Les Aras bien habitués semblent résistants quant aux conditions climatiques.

2 ♀

3

Le mâle (1) de l'Ara à front châtain a une bande brun-rouge bien marquée sur le front, la femelle (2) a cette bande plus étroite et de couleur moins intense. Les jeunes (3) à l'âge de six mois ont l'iris noir et les jeunes mâles, dès qu'ils commencent à s'emplumer au nid, ont le

front rouge tandis que les femelles n'acquièrent cette tache qu'à l'âge d'un an.

L'espèce se rencontre dans les régions de forêts vierges du nord de l'Amérique du Sud, en deux sous-espèces. Elle est relativement très répandue, et n'est plus rare qu'en Guyane. L'Ara à front châtain vit de préférence au bord des cours d'eau, il recherche diverses baies et semences à la cime des grands arbres. En dehors de la saison des nids ces Aras se rassemblent en grandes bandes et s'abattent de temps à autre sur les champs de maïs et les plantations de figuiers.

Perruche, ou **Conure de Wagler,** ou **Conure à front rouge** — Psittacidés

Aratinga wagleri — *Psittacidae*

L'un des signes caractéristique des perruches du genre *Aratinga* est une queue en forme de coin et étagée. En captivité, c'est un oiseau résistant et peu exigeant. Un jeune oiseau récemment importé et gardé seul se laisse très bien apprivoiser et s'attache à son éleveur. Il apprend même à prononcer quelques paroles. Certains individus bien apprivoisés se déshabituent de lancer leur cri naturel perçant.

La Conure de Wagler convient au mieux à une volière où ses couleurs simples mais belles ressortiront bien. On peut en garder un couple à l'intérieur ou, en été, dans une volière en plein air. Pendant l'hiver, l'oiseau exige une température au-dessus de 10° C. Il est assez remuant, et il s'attaque au bois, c'est pourquoi on choisira une volière toute en métal en fort treillis, et on y mettra toujours des branches fraîches à mordiller.

On nourrit ces Perruches de tournesol, chènevis, alpiste, millet, arachides, avoine, fruits de toutes sortes. Au moment de l'élevage des petits, on ajoutera à l'alimentation normale du biscuit, de l'œuf dur et une grande quantité de carottes, ainsi que de fruits. On suspendra dans la volière de préférence un nichoir naturel de dimensions minimales 30 × 30 × 70 cm avec une ouverture d'envol de 8 cm de diamètre. Dans les conditions européennes ces oiseaux commencent, pour la plupart, à nicher dès le mois de février. Au moment des amours, les deux partenaires agitent la tête et se touchent le bec. La femelle pond de 2 à 5 grands œufs étonnamment ronds qu'elle couve pendant 28 jours environ. Les jeunes quittent le nid à 7 semaines, ils sont alors tout verts avec un bec jaune. Quand on contrôle le nid, les petits font semblant d'être morts.

La Conure de Wagler (1) est une perruche qui vit dans la zone boisée au nord du Venezuela, en Colombie, dans la partie ouest de la République de l'Equateur et dans le sud du Pérou, à une

2

3

altitude allant de 1000 à 3000 mètres. Les oiseaux passent la nuit dans les hauteurs des versants des collines et descendent dans les plaines pour y rechercher leur nourriture. Ils nichent dans les creux d'arbres à une hauteur de 15 à 20 mètres. En Colombie occidentale, on a trouvé de tels nids dans des trous de pierres au faîte de rochers inaccessibles. A la vue des oiseaux, on ne peut distinguer le sexe. La nomenclature moderne reconnaît quatre sous-espèces. *Aratinga wagleri frontata* (2) est plus grande que la sous-espèce dénommée (qui mesure 36 cm) et, sur sa tête, s'étend la couleur du vertex jusqu'au lorum et aux yeux. *Aratinga wagleri minor* (3) a le cran de la mandibule supérieure plutôt arrondi qu'anguleux.

Perruche de Jenday
Aratinga jandaya

Psittacidés
Psittacidae

Une Perruche de Jenday récemment capturée et importée est assez sauvage, au début, et sa voix est assez forte. Bien traitée, elle s'apprivoise toutefois assez vite. Ces oiseaux se trouveront le mieux dans une volière de jardin montée en fer, avec un fort treillis et une partie couverte, en maçonnerie ou en matériau dur. Dans une cage de métal, il ne sera possible de garder qu'un seul individu déjà apprivoisé. Bien acclimatée, la Perruche de Jenday pourra passer l'hiver en volière, sans chauffage supplémentaire. Les couples restent toujours unis, et ils s'arrachent mutuellement des plumes. On peut les garder en compagnie d'autres espèces d'oiseaux.

On nourrit la Perruche de Jenday avec du tournesol, du millet, de l'avoine, un peu de chènevis, du maïs, diverses noisettes, des fruits de toutes sortes, de la biscotte, du riz cuit et des légumes. Au moment du nourrissage des petits, on y ajoutera un mélange à l'œuf, du petit pain ou de la brioche trempée dans du lait, et toutes graines germées. Durant toute l'année on mettra des branches fraîches à la disposition de cette Perruche.

La Perruche de Jenday manifeste ses désirs amoureux par des révérences et puis vient l'accouplement. La femelle pond dans le nichoir un œuf tous les 3 ou 4 jours, en tout 3 à 5 œufs blancs de 28,4 × 22,6 mm. L'incubation des œufs dure entre 26 et 30 jours, l'éclosion des petits s'étale sur 8 semaines. Les nichoirs auront au minimum 25 × 25 × 30 cm, et on étalera sur le fond une couche de sciure de bois mélangée à de la tourbe. Certaines femelles transportent de minuscules branchettes dans leur nid, et elles les effilent en lambeaux. Cette Perruche est assez difficile quant au choix d'un nichoir, aussi faut-il en mettre plusieurs à sa disposition, de type, de modèle et de dimensions divers.

Le mâle (1) de la Perruche de Jenday est de la même couleur que la femelle. Parfois, cependant, la femelle a le fond moins orangé, ce qui n'est pas toujours déterminant car les Perruches de Jenday connaissent de grandes variantes dans la coloration. Les jeunes oiseaux (2) ont

1

la tête et le cou jaune pâle, le ventre et la poitrine d'un pâle rouge-orange.

Jusqu'à présent l'espèce est assez abondamment répandue dans le nord-est du Brésil. Cette Perruche se nourrit de baies, semences, fruits et autre nourriture végétale. Elle cause parfois des dommages dans les plantations de maïs. Souvent on en a vu sur les palmiers cocotiers. Contempler cet oiseau en plein vol est un très beau spectacle, quand les rayons du soleil viennent s'y refléter. L'oiseau vole vite, en trajet direct.

Perruche cactus, ou **Conure des cactus** — Psittacidés
Aratinga cactorum — *Psittacidae*

La Conure des cactus a été importée pour la première fois en Europe en 1862. Son premier élevage en captivité a été réussi en France, en 1883, et au cours de ces dernières années est devenue un oiseau couramment élevé chez nous. C'est un oiseau endurant et, dans des conditions favorables d'acclimatation, il pourra atteindre un grand âge. Les jeunes oiseaux se laissent apprivoiser, ils sont aimables, familiers et peuvent apprendre à prononcer quelques mots. La Conure des cactus peut rester toute l'année en volière, à condition de ne pas être exposée, en hiver, à des températures descendant sous zéro. Si elle dispose d'assez de branches fraîches à mordiller, elle ne s'attaquera pas aux montants de bois de sa volière.

Pour choisir l'endroit où installer le creux de leur nid, les Conures semblent assez exigeantes. La plupart d'entre elles donneront la préférence à un nichoir naturel qu'à une caissette de planches, mais ce n'est pas une règle. L'important, c'est que le nichoir ait une base d'environ 30 × 30 cm, une hauteur de 45 cm et une ouverture d'envol de 6 cm de diamètre. On étalera sur le fond, de la sciure de bois humide. La ponte est de 3 à 6 œufs de 25,4 × 19,6 mm. La femelle couve seule pendant environ 24 jours. Les jeunes quittent le nid à l'âge de 55 à 60 jours, et ils sont alors complètement pourvus de plumes. Un bon couple peut nidifier deux fois par an. Dans certains cas, on a réussi l'élevage de ces Conures en compagnie d'autres espèces de perruches.

On nourrit ces Perruches principalement de graines de tournesol, d'un peu d'avoine décortiquée, de millet, de chènevis, de maïs trempé, d'alpiste. On y ajoutera une ration quotidienne de carotte, pomme ou autre fruit, des branches de saule à mordiller et, de temps en temps, des noix. Au moment du nourrissage des petits, on y ajoutera de la pâtée à l'œuf avec du biscuit écrasé.

3

La Conure des cactus est une grande perruche de 25 cm. Elle provient du nord-est du Brésil où elle vit sous forme de deux sous-espèces. La sous-espèce déterminée, *Aratinga cactorum cactorum*, se rencontre au sud-est de cette aire de répartition; *Aratinga cactorum caixana* au nord-est. Le mâle (1) se différencie partiellement de la femelle (2) qui a l'iris brun-jaune, le ventre plus pâle et la tête plus grisâtre. Les jeunes oiseaux (3) ont le vertex plus vert, sans reflet brun, la gorge, le haut et le bas de la poitrine ainsi que le ventre couleur olive.

Dans son aire de répartition, la Conure des cactus habite des espaces au caractère steppique où poussent des buissons sauvages, des fourrés et des cactus. Elle niche principalement dans les creux des cactus gigantesques mais aussi sur les arbres. En dehors de la saison des nids, elle est errante et relativement farouche. Elle a une voix perçante. Elle se nourrit des fleurs et des fruits de divers buissons et de cactus, de bourgeons et de toute autre nourriture végétale.

Perruche couronnée, ou **Perruche à front d'or**

Aratinga aurea — *Psittacidae*

La Perruche à front d'or, importée en Europe pour la première fois en 1869, est, de nos jours, l'une des préférées des éleveurs. De toutes les espèces du genre *Aratinga,* c'est elle qui convient le mieux à l'élevage à la maison. Elle apprend à reproduire des sons, à siffler, éternuer, tousser et reproduire des paroles. Elle est sans doute la plus apte à apprendre de toute sa famille. En outre, sa voix n'est pas désagréable et elle ne détruit pas trop le bois avec son bec. Les oiseaux importés restent timides et farouches durant un certain temps. Mais s'ils sont traités correctement ils s'apprivoiseront en quelques semaines. On les garde en cage, même en compagnie d'autres espèces de perruches. Naturellement, tout comme les autres, cet oiseau se trouvera mieux en volière, que ce soit à l'intérieur ou au jardin. Pour nicher, on mettra à sa disposition plutôt deux nichoirs qu'un seul, dans la partie couverte de la volière, afin que l'oiseau puisse choisir. Le nichoir aura au moins 20 × 20 × 30 cm, avec 6 cm de diamètre à l'ouverture d'envol. On en garnira le fond d'une couche de tourbe humide mélangée à de la sciure de bois. Le meilleur nichoir est celui qui est creusé dans une branche naturelle. La femelle pond 2 à 5 œufs blancs de 27,4 × 22,0 mm et elle les couve pendant 21 à 26 jours. Certains mâles entrent dans le nid, mais ils ne couvent pas. Les jeunes oiseaux quittent le nid au bout de 50 jours environ.

Ces Perruches passeront l'hiver sous une température de 5° C minimum. Pendant la saison de nidification qui chez certains couples commence déjà au mois de mars, ou dans d'autres cas en mai, il faut assurer aux couples une température convenable et une relative humidité du milieu ambiant. Il est également important de prendre l'habitude de bien varier l'alimentation. Ces Perruches se baignent volontiers.

3

La Perruche à front d'or vit sous forme de deux sous-espèces au Brésil, en Bolivie orientale, au nord du Paraguay et au nord-ouest de l'Argentine. Elle atteint une longueur de 26 cm. Le mâle (1) se distingue partiellement de la femelle (2). Cette dernière a la tache du front moins étirée vers le vertex, un cercle plus étroit de plumes autour de l'œil, ainsi que la tache colorée sur le ventre moins grande et de teinte moins intense. Les jeunes oiseaux (3) ont l'iris gris, la bande orange

sur le front plus étroite et de plus faible intensité de coloris, le vertex d'un bleu plus faible et le bec plus pâle.

Dans sa patrie, la Perruche à front d'or mène une vie «sociale», même à la saison des nids. Elle donne la préférence aux larges paysages où alternent les buissons et les bois. Elle se tient souvent au sol et on peut l'approcher à très petite distance. Dans la nature, outre les graines et les fruits, cette Perruche mange aussi les insectes.

Perruche nanday Psittacidés
Nandayus nenday *Psittacidae*

Le genre *Nandayus* comprend une seule espèce de grandeur moyenne, avec une longue queue à étages. Cette Perruche a été importée en Europe dès l'année 1870 et le premier élevage a été réussi en 1881, en France. Après son importation, cet oiseau s'accoutume vite au changement de milieu et à une température plus basse. Une fois acclimatée, elle supporte de faibles gelées et n'exige pas de grands soins. Toutefois par fortes gelées, il peut arriver que ses pattes se gèlent au point de tomber. Si l'on garde une jeune Perruche nanday seule, et qu'on lui consacre assez de soins, elle s'apprivoise et apprend à répéter quelques mots.

On lui donne à manger du tournesol, de l'avoine décortiquée, du chènevis, du millet, de l'alpiste, du maïs, du riz, du blé à moitié mûr, une variété de verdure et au moment du nourrissage des jeunes, on y ajoute aussi un peu de corps gras mou et de la biscotte trempée.

La Perruche nanday a la voix forte et perçante, et elle se fait le plus bruyante aux petites heures du matin ou le soir, et aussi à l'époque des amours. On peut garder cette Perruche en petites sociétés ou en compagnie de petits passereaux. La meilleure installation est une volière de métal où on lui fournira toujours assez de branches à mordiller. Les dimensions du nichoir seront de 20 × 20 × 35 cm avec une ouverture d'envol de 8 cm. Le fond du nichoir sera garni de sciure de bois ou de tourbe. La femelle pond un jour sur deux, en tout 3 à 6 œufs qu'elle couve 25 jours. La plupart des femelles supportent très bien le contrôle du nid. Les jeunes voient à 23 jours, les premières plumes commencent à pointer au bout de 40 à 42 jours et ils sont complètement emplumés à 50 jours. Parfois ils ne quittent le nid qu'à deux mois. Ils y passent cependant la nuit, même en dehors de la nidification. Cette Perruche aime beaucoup se baigner, et souvent en société.

3

La Perruche nanday vit dans les régions de forêts au sud-est de la Bolivie, dans le Mato Grosso au Brésil, au Paraguay et en Argentine. Elle y est assez abondante, mais pourchassée, car elle s'abat en bandes sur les champs et les vergers. Cette Perruche niche le plus souvent en petites colonies dans des trous d'arbres mais souvent aussi sur un arbre isolé dans la steppe. Elle se déplace lourdement au sol et grimpe le plus souvent le long des troncs d'arbres, sur les branches, sur les buissons, à moyenne hauteur de la végétation. Ses belles couleurs (2) apparaissent surtout lorsqu'elle est en plein vol. Le

2

1

dimorphisme sexuel n'est pas très marqué. Les jeunes oiseaux (3) ressemblent aux adultes (1) mais ils ont la gorge et le haut de la poitrine moins bleuâtres, la queue plus courte et les pattes noires.

Perruche-moine, ou **Perruche-souris** *Myiopsitta monachus*

La Perruche-moine est l'unique espèce du genre qui se bâtisse un nid avec des baguettes. C'est un oiseau de taille moyenne, de quelque 29 cm de long, avec une queue dégradée et un bec très fort, qui appartient au genre monotype *Myiopsitta.* Ces Perruches ne conviennent pas à l'élevage en appartement, du fait de leur cri perçant. Dans une volière de jardin, on peut en installer plusieurs couples ensemble. Cependant cette volière devra être assez spacieuse et sa construction métallique solide. On protègera des courants d'air toute la partie arrière de la volière et les côtés. Dans la partie couverte d'un toit, on fixera dans la moitié supérieure une planche avec un rebord assez élevé, où la Perruche-moine établira son nid. On peut sans crainte laisser ces Perruches toute l'année dehors, même de fortes gelées ne les incommodent pas. Dès le mois de mars, on mettra dans la volière assez de branches de saule, de noisetier ou autres, de 20 à 60 cm de long et de 8 à 10 mm de diamètre. On les jettera tout simplement sur le sol de la volière. Au début les deux oiseaux du couple se mettront à bâtir le nid, mais vers la fin c'est le mâle tout seul qui aménagera l'extérieur. Pendant ce temps, la femelle garnira le creux du nid avec des bribes d'écorce arrachées aux branchettes et des herbes. L'édification du nid dure environ trois mois. La femelle pond alors un jour sur deux 4 à 6 œufs blancs. Le temps d'incubation est difficile à déterminer, car la vérification du nid n'est pas chose aisée : on estime une durée de 22 à 26 jours. Les jeunes oiseaux restent au nid à peu près 6 semaines. Après leur envol, ils se mettent à rechercher seuls leur nourriture au bout de 7 jours. La Perruche-moine niche deux fois l'an et utilise le même nid plusieurs années. C'est un oiseau fidèle à son logis, et il y reviendra même si on le lâche hors de la volière. On le nourrit comme la plupart des autres espèces de perruches.

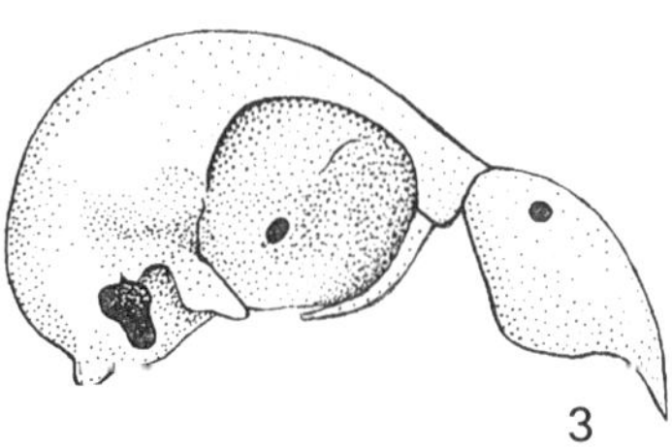

3

La Perruche-moine (1) est répandue en quatre sous-espèces dans les régions humides à végétation boisée de la Bolivie centrale, du sud du Brésil, de l'Argentine centrale et en Uruguay. Elle grimpe jusqu'à une altitude de 1000 m. Dans la nature, ces oiseaux se bâtissent un nid fait de baguettes et de branchettes sur des buissons élevés ou sur les branches extérieures de grands arbres (2). Le nid a son creux proprement dit, une antichambre et une entrée. Le matériau le plus souvent employé est la brindille d'un arbre épineux, le *talaba.* Ces Perruches nichent le plus souvent en colonies. D'abord un couple bâtit un nid, ensuite d'autres couples y accolent leur propre nid. Ainsi naissent des constructions qui atteignent 3 mètres de diamètre et peuvent peser plus de 200 kg. Chaque

2

couple y établit sur le côté ou par en-dessous sa propre entrée indépendante.

Chez cette Perruche le dimorphisme sexuel n'est pas développé. Le crâne de l'oiseau est rond, avec de profondes orbites (3).

1

Perruche moineau Psittacidés
Forpus passerinus *Psittacidae*

Le genre *Forpus* comprend de petites perruches trapues, avec un fort bec aplati sur les côtés. C'est sans doute la Perruche la plus souvent élevée. Les oiseaux importés sont farouches, et leur acclimatation est assez difficile. C'est pourquoi au début on les gardera à la température de l'appartement. De nos jours, il y a toutefois en Europe assez de sortes de cet oiseau élevé en captivité depuis déjà de nombreuses générations. Un tel oiseau peut passer l'hiver dans une pièce non chauffée. La Perruche moineau supporte les autres oiseaux, on peut presque toujours la garder dans une volière ou dans la chambre aux oiseaux en compagnie de Fringillidés.

On donne à manger à la Perruche moineau de l'alpiste, du panic, de l'avoine décortiquée, des petites graines de tournesol, diverses espèces de millet, des pommes, carottes, figues trempées, mouron des oiseaux, oseille et inflorescences de laiteron. Au moment du nourrissage des jeunes, on y ajoutera de la pâtée à l'œuf, de la biscotte et de l'avoine germée et à moitié mûre.

On gardera cette Perruche dans une cage d'au moins 50 cm. Le nichoir (dont la grandeur dépendra de celle de la Perruche) peut être suspendu à l'intérieur ou posé au fond de la cage. On en garnira la base de sciure de bois ou, mieux, de tourbe. La couvée réunit 3 à 6 œufs. La femelle en pond un toutes les 35 ou 48 heures. Elle couve pendant 19 à 21 jours et pendant ce temps le mâle la nourrit au nid. Les jeunes prennent leur envol à l'âge de 5 semaines, mais les parents les nourrissent encore pendant 2 à 3 semaines. Certains jeunes regagnent encore parfois le nid pendant quelques nuits. Dans les mois d'été on gardera cette Perruche au jardin, en volière, là l'élevage réussit mieux qu'en cage.

Cette petite Perruche qui n'a que 12 cm vit, dans la nature, sur l'île de la Trinité, en Guyane, dans le Venezuela central et septentrional, au nord de la Colombie, au nord du Brésil, dans les régions orientales de l'Amazone et dans les îles Curaçao, les Antilles, la Jamaïque, la Barbade et la Martinique. Sur cette vaste aire de répartition, elle se présente en 5 sous-espèces. Son biotope est diversifié : elle habite les plaines buissonneuses sèches, on la trouve dans les forêts le long des fleuves et dans la profonde forêt vierge. Le mâle (1) se différencie de la femelle (2) uniquement par la couleur des ailes. Une espèce apparentée, *Forpus cyanopygius* (3) du nord-ouest du Mexique, a un croupion bleu; l'espèce *Forpus xanthopterygius* (4) a le dos vert foncé; l'espèce *Forpus xanthops* (5) a la tête jaune et *Forpus coelestis* (6) à tête verte vit dans les montagnes des régions du Pacifique, dans les Andes, en Equateur occidental et au nord-ouest du Pérou.

Amazone de Tucuman Psittacidés
Amazona tucumana *Psittacidae*

L'Amazone de Tucuman est un perroquet assez simple mais aux couleurs fines. Elle se garde le plus souvent seule, ce qui permet de l'apprivoiser au maximum et de lui apprendre à parler. Sa voix conserve cependant toujours une intonation «de perroquet», et jamais elle n'oublie complètement son cri naturel, perçant — comme d'ailleurs toutes les autres amazones. Un oiseau bien apprivoisé est toutefois toujours agréable et amusant. Une Amazone élevée en chambre doit disposer d'une cage métallique de 50 à 70 cm de haut, avec une porte qui ferme bien et de petits plats pratiques et résistants. Les cages rondes et peintes en blanc ne lui conviennent pas. On peut la garder aussi sur un perchoir vertical, dont la barre horizontale du haut aura au moins 60 cm de long, et sera obligatoirement en bois. La construction de ce support doit être conçue de telle façon que la barre horizontale soit facilement remplaçable. Au bout du perchoir, la mangeoire sera fixée de façon telle que l'oiseau ne puisse l'en arracher. La possibilité de marcher sur la barre horizontale de son perchoir permet à l'Amazone plus de mouvement. Sous ce perchoir, on disposera une caissette avec du sable qui recueillera les fientes et les déchets de nourriture. On habituera petit à petit l'Amazone à son perchoir, en ne l'y mettant d'abord que lorsqu'on peut bien la surveiller et en la rentrant toujours dans sa cage pour la nuit. En été elle pourra rester au jardin. Une petite pluie chaude ne lui fait pas de mal. Un individu bien acclimaté passera l'hiver à une température d'environ 10° C. Si l'on en possède un vrai couple, on pourra en tenter l'élevage. La volière sera métallique, et on y installera un nichoir creusé dans un tronc naturel avec une ouverture d'envol d'environ 15 cm. La couvée compte d'habitude 2 à 4 œufs. L'alimentation est la même que celle des autres espèces d'amazones.

2

L'Amazone de Tucuman est une typique habitante des bois d'aunes le long du versant oriental des Andes dans la région sud-est de la Bolivie et dans l'Argentine du nord. Au nord-est de l'Argentine elle n'apparaît qu'en dehors de la saison des nids. L'Amazone de Tucuman est très répandue dans la nature, et l'on peut en observer de grandes bandes qui survolent les forêts ou recherchent leur nourriture au faîte des arbres. Son biotope est la forêt vierge

tropicale inaccessible, à une altitude de 1800 à 2000 mètres. Ce perroquet se nourrit de graines, de noix, de baies, de fleurs et de jeunes pousses de plantes ligneuses. Dans sa patrie il niche en décembre et en janvier.

Le mâle (1) est de la même coloration que la femelle. Le jeune oiseau (2) ressemble aux adultes, mais il a les plumes de la patte de couleur verte.

Amazone à épaule jaune — Psittacidés
Amazona barbadensis — *Psittacidae*

Déjà dans le passé on a importé de grandes quantités d'Amazones à épaule jaune en Europe, et il n'en va pas autrement de nos jours. Parfois l'Amazone à épaule jaune est offerte sur le marché sous des noms vernaculaires incorrects comme par exemple Amazone à front jaune, à aile jaune, Petite Amazone à tête jaune, etc. Il faut rejeter ces dénominations pour ne pas arriver à des confusions. La plupart des spécialistes recommandent de garder ce perroquet seul. Il s'apprivoise alors vite et devient très familier. Non seulement l'oiseau apprend à parler, mais aussi à reproduire les divers bruits qu'il entend dans son entourage. Chaque individu n'a cependant pas les mêmes capacités. L'avantage, c'est que même les oiseaux plus âgés s'apprivoisent vite. Un oiseau bien acclimaté n'utilise pas, en général, sa voix naturelle. On installera ce perroquet soit en cage, soit sur un perchoir et il passera l'été au jardin.

On le nourrit de tournesol, de maïs trempé, d'avoine, de froment, d'un peu de chènevis, de carotte, de fruits de toutes sortes, de diverses noix, de figues, de baies et de verdure. L'oiseau mordille très volontiers de jeunes branches avec des bourgeons de fleurs.

Si l'on veut en essayer l'élevage, on placera un couple dans une volière de maison ou de jardin. On choisira un grand nichoir, de préférence fait dans un tronc creux naturel. La ponte est le plus souvent de 2 à 4 œufs blancs de 36,7 × 26,1 mm. Le développement des jeunes au nid dure environ deux mois.

2 ♀

L'Amazone à épaule jaune (1) est répandue en deux sous-espèces dans le nord du Venezuela et dans les îles voisines. La sous-espèce dont le nom scientifique est *Amazona barbadensis barbadensis* vit sur le continent, la sous-espèce *Amazona barbadensis rothschildi* (4) est présente dans l'île Bonaire, l'une des petites Antilles néerlandaises et dans les îles Blanquilla et Margarita près des côtes du Venezuela. Dans la nature, cette Amazone habite les régions moins boisées et rocheuses auprès des côtes. Cet oiseau niche dans les trous d'arbres et les crevasses de rochers.

La femelle (2) est d'un coloris plus mat que le mâle, elle a la gorge, le ventre et la poitrine de teinte vert-bleu. Le jeune (3) ressemble aux individus adultes mais la partie du dessous de son corps n'a point de reflet bleu, chez lui l'iris est plus foncé et de couleur moins brillante.

1 ♂

3

4

Amazone à front bleu Psittacidés
Amazona aestiva *Psittacidae*

L'Amazone à front bleu a déjà été décrite en 1758 par Carl von Linné. C'est l'espèce d'Amazone la plus souvent importée. Elle s'acclimate vite et facilement, les jeunes se laissent facilement apprivoiser, ils s'attachent à leur éleveur, apprennent à répéter de nombreux mots et à exécuter quelques tours. Ces oiseaux peuvent vivre longtemps, jusqu'à cent ans pense-t-on. On garde individuellement les oiseaux importés, dans une cage entièrement métallique, et on les laisse voler un moment dans la chambre, chaque jour. Comme alimentation on leur donne du tournesol, du maïs, de l'avoine, un peu de chènevis et de millet, du blé, des fruits de toutes sortes, de la carotte, de temps à autre un petit pain, de la biscotte et diverses noix. Ce sont des oiseaux assez résistants, il faut pourtant leur assurer une température d'au moins 12° C en hiver. Si l'on souhaite avoir des jeunes, on placera un couple dans une volière qui ne doit pas être très grande mais qui sera dotée d'une armature solide métallique et d'un fort treillis. Si la volière est en plein air, il lui faut absolument un toit. Le meilleur nichoir est un tronc naturel creusé, mais l'Amazone peut nicher dans un nichoir fait de planches, posé sur le sol de la volière, de dimensions 100 × 40 × 50 cm. On en garnira le fond de sciure de bois. Le mâle durant la pariade fait sans cesse des révérences, il frappe du bec sur une branche, il se rapproche de la femelle, puis souvent il lui apporte, dans son bec, une petite branche ou une feuille, et il se met à la nourrir. Cela se répète plusieurs fois avant l'accouplement. La nichée est d'habitude de 2 à 4 œufs que la femelle couve seule pendant 29 à 30 jours. Au moment du nourrissage des petits, on ajoutera à l'alimentation habituelle des oiseaux, de l'œuf cuit dur, de la graisse molle, de la biscotte et des tomates. Les jeunes sont élevés au bout de 2 mois.

2 ♀

Cette Amazone de 37 cm de long est, dans son aire de répartition, l'espèce la plus répandue de son genre. Elle habite le nord-est du Brésil, le Paraguay et le nord de l'Argentine. Dans la nature, avant la nidification, l'Amazone à front bleu s'envole vers un certain endroit de la forêt vierge où ont lieu les danses nuptiales. Des milliers d'oiseaux s'y rassemblent et s'y accouplent, et ce faisant détruisent toute la verdure. Puis ils s'envolent dans les environs, pour y fonder leurs familles.

Le mâle (1) se différencie par sa couleur presque imperceptiblement de la femelle (2). Cette dernière est en général

1 ♂

3

de plus petite stature, sa tête et son bec sont un peu moins forts, la courbure de l'aile est rouge sans coloration jaune. La classification systématique reconnaît deux sous-espèces. La sous-espèce *Amazona aestiva xanthopteryx* se distingue de la sous-espèce dénommée *Amazona aestiva* par une coloration différente de l'aile (3).

Pétasophore Anaïs Trochilidés
Colibri coruscans *Trochilidae*

Les colibris, véritables petits joyaux ailés, ont commencé à être importés en Europe dès le début de notre siècle, mais au début ces oiseaux périssaient vite, et seul un individu a pu survivre 9 semaines. Avec l'approfondissement des connaissances sur la biologie et l'éthologie des colibris en même temps que la rapidité des transports, on a obtenu des succès dans l'élevage de ces oiseaux délicats. De nos jours, grâce au transport aérien, des colibris arrivent d'Amérique en Europe en assez bon état. Toutefois, même dans ces conditions, le colibri ne convient qu'à un éleveur d'oiseaux spécialisé, car c'est un petit hôte très exigeant. Ce qui lui convient le mieux c'est une serre ou une grande cage vitrée, avec des plantes, un thermostat, un pulvérisateur et une lampe chauffante où il trouvera, en hiver, les conditions optimales.

L'alimentation du Pétasophore Anaïs est aussi très compliquée, car il faut remplacer sa nourriture naturelle, le nectar des fleurs et de petits insectes volants. Dans la journée on lui offrira, dans une grande éprouvette avec un petit tuyau d'aspiration, un mélange de protéines qui se composera de 1,5 cuiller d'aliments pour bébés, 1,5 cuillerée d'extrait de viande, 3 cuillerées de lait en poudre, 8 gouttes d'une preparation vitaminée et 0,12 l de sucre cristallisé. On mélange le tout avec de l'eau pour obtenir un demi-litre de liquide. On y ajoutera quotidiennement environ 25 drosophiles (mouche du vinaigre) par oiseau à nourrir. Pour la nuit, on supprimera cette alimentation et on la remplacera par une solution de 3 parties d'eau, une partie de sucre et 1,2 part de miel. Ce liquide restera dans des pipettes jusqu'au matin, pour qu'il ne se gâte pas et les oiseaux le boiront avant leur nouveau repas.

Au cours de ces dernières années, on a réussi à faire nicher le colibri en captivité. La femelle pond deux œufs blancs qu'elle couve de 12 à 16 jours. Les jeunes restent au nid pendant 14 jours environ et la femelle les nourrit de nectar.

Les colibris vivent principalement dans les régions tropicales et subtropicales mais aussi dans les régions tempérées de l'Amérique du Sud et de l'Amérique du Nord. On ne les rencontre pas uniquement dans les plaines, car ils grimpent jusqu'à 5000 mètres. Ils vivent surtout isolément ou par couples. Ils sont d'une grande irritabilité et ne se supportent ni entre eux ni avec les autres oiseaux. Les mâles surtout s'attaquent en plein vol, furieusement.

Les Trochilidés forment une très nombreuse famille, qui rassemble quelque

320 espèces de colibris. La taille, la forme du corps et la coloration sont si riches et si changeantes qu'on ne rencontre pas cela chez d'autres groupes d'oiseaux. On élève maintenant en captivité assez de Pétasophores Anaïs (1). L'espèce *Topaza bella* (2), du nord-est de l'Amérique du Sud, a une queue en croix; la *Sappho sparganura* (3) de Bolivie, Argentine et Pérou, a la queue fourchue. On verra la variété des couleurs sur les dessins de têtes de quelques espèces : *Lophornis adorabilis* (4), *Chalcostigma herrani* (5), *Colibri serrirostris* (6) et *Calypte anna* (7).

Toucan toco
Ramphastos toco

Rhamphastidés
Ramphastidae

La famille des *Ramphastidae* comprend environ 60 espèces d'intéressants oiseaux au bec puissant, souvent d'un coloris très bariolé. Ce gigantesque „instrument" que constitue leur bec est en réalité incroyablement léger et ne représente aucune gêne pour les oiseaux. Leur langue aussi a une forme spéciale, elle est longue, étroite, et garnie sur les côtés de filaments dirigés vers l'avant.

En captivité les Toucans sont peu exigeants, ils sont résistants, mais en hiver il faut les protéger de la gelée. On peut très bien les apprivoiser, au point de vue de l'intelligence ils se comparent pleinement aux perroquets. Vu la grande taille et la mobilité de cet oiseau, on le gardera à la maison en volière vitrée, ou au jardin en été. En aucun cas on ne lui donnera la compagnie d'oiseaux plus petits, car il les tuerait et les mangerait. La fiente du Toucan étant liquide, il est bon de mettre un fond de tourbe dans le bas de la volière.

On nourrit le Toucan avec toutes sortes de fruits, riz cuit, pain détrempé, viande cuite ou crue (hachée ou coupée en petits morceaux). De temps à autre on y ajoutera quelques gros insectes, un moineau ou une souris blanche. Certaines espèces jettent la nourriture en l'air pour la rattraper au vol, bec entrouvert. Les Toucans nichent dans de gros troncs creux, et les deux parents alternent pour la couvaison de l'unique œuf, ou des quatre œufs blancs. Les jeunes éclosent au bout de 16 à 18 jours d'incubation, ils grandissent assez lentement, et ce n'est qu'au bout de six semaines qu'ils sont aptes à quitter le nid. Il est intéressant d'observer la position qu'adopte le Toucan pour dormir. Il dresse la queue verticalement, repose son bec sur son dos, entre ses ailes et le tronc, et ainsi il s'endort.

Les Toucans ne sont répandus que dans les régions boisées des tropiques, en Amérique centrale et en Amérique du Sud. Certaines espèces montent jusqu'à une altitude de 3500 mètres. Ils volent assez bien, mais en général ils ne parcourent que de courtes distances. Les indigènes dénichent souvent les petits Toucans et les apprivoisent. Sur le pied

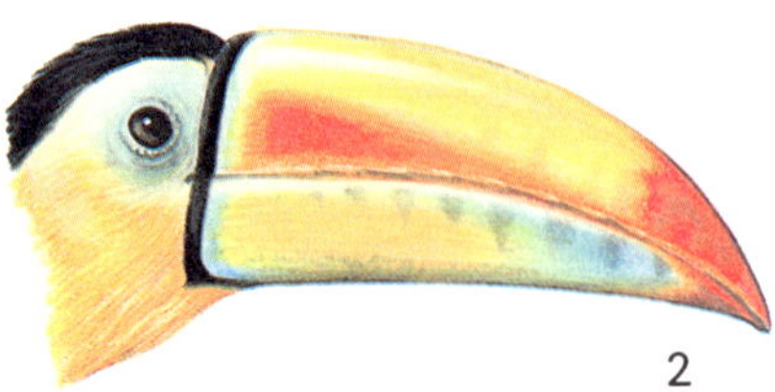

2

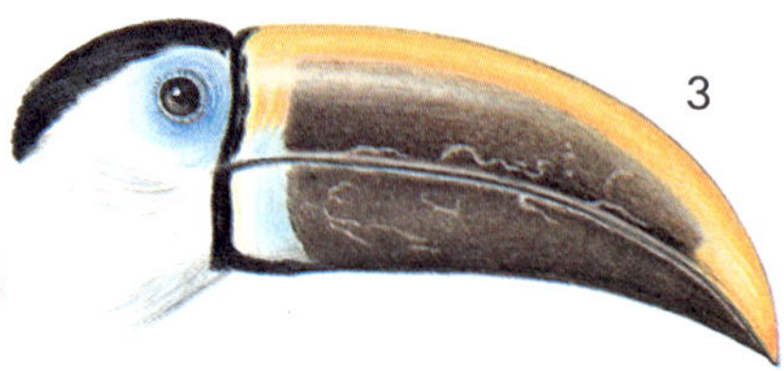

3

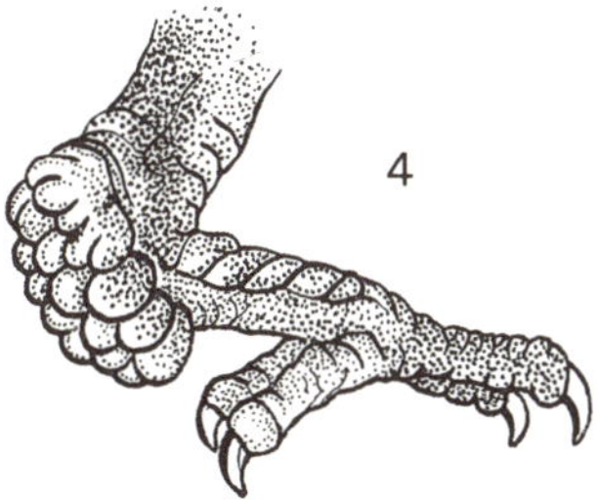

4

1

5

du Toucan, les quatrième et premier doigts sont tournés vers l'avant (4). Sur une coupe d'un bec de Toucan on peut voir la fine armature osseuse qui sépare de petites chambres à air (5). Cette disposition assure la solidité, la flexibilité et la légèreté du bec. Le Toucan toco est l'un des plus grands du genre (1), il peut atteindre de 56 à 60 cm. Il vit en Amérique du Sud depuis la Guyane en passant par le Brésil, la Bolivie, le Paraguay, jusqu'au nord de l'Argentine. Un autre Toucan, le *Ramphastos sulphurata* (2) ainsi que le *Ramphastos cuvieri* (3) ont un bec aux très jolies couleurs.

Leiotrix jaune, ou **Rossignol du Japon** — Timaliidés
Leiothrix lutea — *Timaliidae*

Le Leiotrix jaune est l'une des rares espèces d'oiseaux qui remplisse toutes les conditions rêvées par un éleveur : il a de jolies couleurs, chante admirablement, niche facilement en captivité, est résistant et facilement apprivoisable. Le Leiotrix jaune a été importé pour la première fois en Europe en 1866, par le jardin zoologique de Londres.

Les amoureux du chant de cet oiseau le gardent seul en cage et choisissent un mâle. C'est un chant très mélodieux que cet oiseau fait entendre, un chant éclatant qui rappelle un peu celui de notre fauvette à tête noire *(Sylvia atricapilla).* Dans la maison, le chant du Leiotrix est parfois si intense qu'on est obligé de transporter l'oiseau dans sa cage dehors, au jardin ou sur le balcon.

On lui donne à manger une pâtée assez molle faite d'un mélange de carotte râpée, œuf dur écrasé, fromage blanc dur et râpé. Chaque jour, on y ajoutera quelques vers de farine et des morceaux de fruits. En supplément, on ajoutera encore un peu de chènevis écrasé, du colza en petite quantité, de l'alpiste, de l'avoine décortiquée et de temps en temps, en petites quantités, des graines de pavot, des graines de lin et du niger. Toutefois les graines ne constituent jamais l'alimentation de base de cet oiseau. A la saison de la nidification on lui donnera également des insectes.

L'élevage réussira le mieux en volière de jardin avec une plantation bien fournie de buissons où les oiseaux trouveront assez d'insectes à manger. Le plus souvent les Leiotrix iront se cacher dans l'endroit le plus touffu de la végétation. C'est là également qu'ils édifieront leur joli nid ouvert, toujours dans la partie supérieure d'un arbuste. En Europe, le Rossignol du Japon niche au cours des mois du printemps et de l'été. La couvée comporte 3 à 5 œufs que les deux parents couvent alternativement, et au bout de 12 jours on voit apparaître les oisillons. Leur élevage dure environ trois semaines. On peut leur faire passer l'hiver dans une volière de jardin, si elle est couverte.

2 ♀

Le Leiotrix jaune se rencontre sous forme de quelques sous-espèces dans les forêts à sous-bois touffu des régions du nord de l'Inde, en Birmanie supérieure, au sud de la Chine et dans la partie septentrionale de l'Inde postérieure. Dans la nature ces oiseaux chanteurs sont très remuants, ils sont toujours à rechercher des insectes dans les buissons. Au moment de la pariade, chaque mâle marque son territoire de nidification par un chant sonore. Dans les régions de l'Himalaya les habitants aiment beaucoup avoir un Rossignol du Japon en cage.

Un oiseau adulte atteint 15 cm. Le mâle (1) ne se distingue presque pas de la femelle. Cette dernière est dépourvue d'un reflet doré au vertex (2). Les œufs du Leiotrix (3) sont vert bleu avec des taches brun-rouge. Les jeunes sont surtout gris cendré, et au bout de 12 à 14 semaines ils possèdent les mêmes couleurs que les adultes.

Tangara multicolore Tanagridés
Calospiza fastuosa *Thraupidae*

Le grand groupe des Tangaras comprend des oiseaux, différant par la taille et le coloris, mais qui ont tous 9 rémiges primaires, 12 plumes caudales et une petite entaille au bout de la mandibule supérieure, parfois presque imperceptible. C'est le Tangara multicolore qui est sans doute le plus souvent gardé en captivité. C'est un véritable „ornement" pour toute volière de chambre ou de jardin, il est très tranquille et tolérant vis-à-vis d'oiseaux d'espèces plus petites.

Comme nourriture on lui offrira divers fruits, des baies de sureau, du raisin, du miel, de la biscotte trempée, du pudding, de la purée de farine de maïs et du lait ou de la crème sucrée. En hiver on y ajoutera des figues sèches trempées, des dattes, du raisin sec et toutes sortes d'autres fruits que l'on trouve sur le marché. Chaque jour on donnera de la pâtée à l'œuf et quelques insectes vivants. On ne donnera qu'en quantités limitées des vers de farine et de la banane, afin que les oiseaux ne deviennent pas trop gros. Pour cette raison également on se gardera de placer trop de perchoirs dans la cage, afin que les oiseaux soient obligés d'y voler. Comme il mange beaucoup de fruits, le Tangara multicolore ne convient pas à une cage, sa nourriture riche en eau et sa rapidité de digestion provoquant des fientes liquides et abondantes qui salissent fort le fond. Il sera bon de couvrir ce dernier de plusieurs couches de papier que l'on changera quotidiennement. Les Tangaras se trouvent bien surtout dans une volière où poussent des buissons parmi lesquels ils chasseront des mouches, des araignées, etc. Les Tangaras nidifient alors régulièrement dans un nichoir ouvert caché dans la verdure. Ils passent l'hiver à une température oscillant autour de 15° C.

Le Tangara multicolore est originaire de l'est du Brésil. Dans la nature, cet oiseau bâtit son nid dans tout buisson qui lui convient. C'est un nid en forme de coupe, fait de toutes sortes de matières végétales. La couvée comporte 2 à 4 œufs dont l'incubation dure 15 jours. Les jeunes sont nourris principalement d'insectes. Au bout d'une semaine on voit déjà pointer les plumes, et à trois semaines ils quittent le nid. Les oiseaux adultes se nourrissent principalement de baies à jus et autres fruits, d'insectes, etc.

Le Tangara multicolore atteint 14 cm de long, l'aile mesure 7 cm et la queue 5 cm. Le mâle (1) ne se distingue de la femelle que par la coloration de la tête. Les plumes de la tête de la femelle (2) sont plus bleues et moins brillantes. Dans les rayons du soleil, les couleurs de ce Tangara sont littéralement rutilantes.

2 ♀

1 ♂

Quitquit-saï, ou **Gigit** — Coeribidés
Cyanerpes cyaneus — *Coerebidae*

L'amateur séduit par la beauté des colibris mais qui hésite devant la complexité de leur alimentation, trouvera un remplaçant valable avec le Quitquit-saï, dont l'élevage s'avère moins délicat. On lui préparera chaque jour une solution nutritive qu'on lui présentera dans de petits plats de verre ou dans des abreuvoirs automatiques de telle sorte que l'oiseau ne s'y souille pas les plumes. Cette solution sera composée ainsi : une partie de farine pour bébé, une partie de lait condensé, une partie de miel et dix parties d'eau. On peut ajouter à cette solution une partie d'extrait de viande, de la poudre d'œuf, de la farine de pâtissier. Le Quitquit-saï mangera aussi volontiers des fruits charnus et juteux. En hiver, on remplacera les fruits frais par des fruits en conserve au sirop. On ajoutera encore à tout cela des insectes, de petits vers de farine, des daphnies, des larves de moustiques, des drosophiles, des œufs de fourmis frais, etc. Dans le choix des fruits et insectes on choisira ce qui est accessible en l'une ou l'autre saison. Ainsi alimenté, le Quitquit-saï peut atteindre l'âge de 15 ans, en captivité. Si on le garde en cage, en guise de perchoir on donnera plutôt au Quitquit des rameaux naturels que l'on changera le plus souvent possible. Au fond de la cage on étalera du papier buvard que l'on remplacera quotidiennement. Toutefois ce qui conviendra le mieux à l'oiseau, c'est une volière d'appartement, ou, en été une petite serre avec des plantes. C'est là qu'un couple nichera avec le plus de chances de succès. Il est important de donner à ces oiseaux la possibilité de se mouvoir et aussi de se baigner.

3 ♂

Le Quitquit-saï, ou Gigit se caractérise par un net dimorphisme sexuel. Le mâle (1) prend une coloration bleu-noir au moment de la pariade, la femelle (2) est verte, avec le dessus du corps plus foncé et plus clair par en-dessous. Ordinairement, le plumage du mâle ressemble à celui de la femelle, mais il a les pattes rouges (3). Quand il s'irrite le mâle hérisse les plumes de sa tête en une sorte d'ébauche de huppe (4). Le Quitquit-saï atteint 12 cm. La mue de printemps commence en janvier, celle d'automne en septembre. Dans son plumage nuptial, le mâle lance un chant agréable qui rappelle celui de notre Pouillot fitis *(Phylloscopus trochilus)* européen.

2 ♀
1 ♂
4

Paroare dominicain Fringillidés
Paroaria coronata *Fringillidae*

C'est un oiseau aux très jolies couleurs, que l'on apprécie pour sa beauté et pour son chant. Le Paroare dominicain a été importé pour la première fois en Europe en 1783 par le jardin zoologique de Londres. Le premier élevage en a été réussi à Florence, en 1837. Pour le chant, on garde un mâle tout seul. Dans un élevage collectif en cage ou en volière, le Paroare dominicain s'entend très bien avec certaines espèces d'oiseaux tandis qu'il est agressif envers d'autres.

On lui donne à manger du millet, de l'avoine, de l'alpiste, du blé, du riz non décortiqué, du tournesol, du colza, etc. On y ajoute de la verdure variée, des fruits et, à la saison, des bourgeons d'arbres et de buissons. Un jour sur deux on lui donne une pâtée à l'œuf. Il faut que cet oiseau ait toujours à sa disposition de l'eau fraîche car il adore se baigner. Il est très résistant et supporte sans inconvénient de passer l'hiver dans une volière ouverte au jardin. Bien soigné, cet oiseau peut vivre vingt ans en captivité.

L'élevage le plus aisé se fera en volière spacieuse de jardin, bien plantée de buissons parmi lesquels les oiseaux établiront leur nid, cependant ils nichent aussi parfois en nichoirs ouverts. Avant l'accouplement, le mâle au cours de la pariade se met à danser devant la femelle en portant un fétu dans son bec, ailes ouvertes et plumes de la queue étalées. La ponte comporte de 3 à 6 œufs que la femelle couve presque toujours seule, mais chez certains couples les deux parents se relaient pour la couvaison. Le temps d'incubation est de 15 jours. Pendant cette période, on ajoutera à l'alimentation normale des adultes du millet pas mûr, du blé en épis et divers insectes. Les jeunes individus quittent le nid à 17 jours et les parents les nourrissent encore pendant environ 3 semaines.

Le Paroare dominicain vit en Amérique du Sud, depuis le sud du Brésil et de la Bolivie jusqu'en Argentine centrale. Il atteint 18,5 cm, l'aile mesure 9,5 cm, la queue de 7 à 8 cm. La femelle ne se distingue pas du mâle (1) quant au coloris. En période calme, le mâle a sa huppe

3

couchée (2) sur la tête, et il la hérisse en période d'excitation. Les jeunes Paroares (3) ont la tête brune sans huppe et la partie supérieure de leur corps a un reflet brun. Sept semaines après leur naissance, la huppe commence à pousser, mais ils n'acquièrent leur plumage d'adulte que dans leur deuxième année.

2 ♀

1 ♂

Cardinal de Virginie
Pyrrhuloxia cardinalis

Fringillidés
Fringillidae

C'est sans doute le plus beau de tous les Cardinaux. Il est arrivé en Europe au dix-huitième siècle et y a été aussitôt élevé. Il est tout de suite devenu un favori des éleveurs, et est toujours très recherché. Il a peu d'exigences et est très résistant. S'il reste en contact quotidien avec l'homme, il s'apprivoise bien, surtout les jeunes oiseaux. On le garde seul pour son très joli chant, bien que, assez sonore. On en élève aussi souvent un ou plusieurs couples dans une volière de maison ou de jardin où l'on obtiendra aisément une nidification. Dans une volière où il disposera d'arbustes assez touffus, le couple bâtira un nid assez rudimentaire qu'il garnira d'herbes fines. Il nichera aussi dans une caissette-nichoir (base 15 × 15 cm avec 7 cm de haut) ou dans une cagette conçue spécialement pour la nidification des canaris. La femelle pond de 2 à 5 œufs généralement d'un vert-bleu avec des taches brun foncé. Dans la journée les deux parents alternent pour la couvaison que la femelle assure seule pendant la nuit. Les jeunes éclosent au bout de 12 à 14 jours et dès le seizième jour ils quittent le nid. Ce n'est qu'à l'âge de 5 semaines que les jeunes oiseaux sont complètement indépendants.

On donne à manger au Cardinal de Virginie du millet, de l'alpiste, de l'avoine, du sarrasin, du colza, du tournesol, des fruits, du mouron des oiseaux et autre verdure, en hiver cet oiseau aime à grignoter des bourgeons d'arbres ou d'arbustes. Au moment de l'élevage des petits, on y ajoutera de la pâtée à l'œuf avec du fromage blanc et des vers de farine ainsi que divers insectes hachés (attention aux pulvérisations chimiques). Les oiseaux doivent toujours avoir dans leur habitat de l'eau fraîche à boire et pour se baigner. En hiver, on peut les laisser dehors, mais la volière doit avoir un espace bien abrité de tous les côtés.

Le mâle (1) du Cardinal de Virginie est coloré en rouge, la femelle (2) est brun clair. Les jeunes ressemblent aux individus adultes mais ils n'ont pas de signe noir sur la tête et leur bec est brun-noir. Après leur première mue ils sont colorés comme leurs parents, à l'exception du bec qui ne rougit qu'à trois ans. Sur les présentes figures (3), on peut voir la manière dont le mâle se pose sur une branche, et comment il se tient en état d'inertie, en attitude dressée.

3

L'espèce vit au sud-est et dans le sud des Etats-Unis ainsi qu'au Mexique. L'oiseau atteint 19 à 22 cm. Dans la nature il recherche des broussailles assez basses surtout à proximité d'un cours d'eau, mais il apparaît aussi dans les bois clairs, les parcs et les jardins. A la saison des nids il vit en couple puis en petites bandes qui errent dans la région.

Pape de Louisiane
Passerina ciris

Fringillidés
Fringillidae

Le Pape de Louisiane est un oiseau résistant, toutefois il vaudra mieux le laisser en hiver à l'abri de toute gelée. Les femelles sont d'ordinaire plus délicates que les mâles. Les splendides couleurs de l'oiseau, surtout le rouge, perdent de leur intensité en captivité, ce qui résulte surtout de la composition de leur alimentation. N'empêche que le mâle reste très beau durant de longues années. On connaît des cas où cet oiseau a vécu en cage pendant 16 ans. On le nourrira de millet, alpiste, niger, semences de salade et graine de lin, un peu de pavot, d'arroche et d'aune. On y ajoutera, selon les possibilités, une abondance de mouron des oiseaux, de salades, de temps à autre des œufs de fourmis et quelques vers de farine. Certains éleveurs lui donnent, et avec succès, des fruits surtout de la banane et de l'orange découpée en morceaux. Au moment du nourrissage des petits, il faudra offrir aux oiseaux une variété d'insectes. Un mâle gardé seul en cage fera entendre toute l'année son chant, monotone mais agréable. Dans une volière bien plantée de buissons et d'herbe, ces oiseaux nichent facilement. L'élevage peut même réussir en cage de chambre vitrée, si on y place des plantes vertes en pot. Dans les buissons les oiseaux bâtissent un nid d'herbes sèches, de fines racines, de poils, etc., mais ils nichent également dans une petite caisse ou une cagette pour canaris. La femelle pond 3 à 5 œufs qu'elle couve seule pendant 13 jours et le onzième jour après leur éclosion les petits Papes de Louisiane quittent le nid.

1 ♂

3 ♂

La très vaste aire de répartition du Pape de Louisiane comprend les régions méridionales des Etats-Unis, le Mexique et tous les pays de l'Amérique centrale. Ces oiseaux vivent aussi dans les îles Bahamas et à Cuba. Ceux qui vivent dans les aires septentrionales exécutent des migrations d'hiver vers les pays d'Amérique centrale. Ils visitent souvent les plantations de fruits à proximité des habitations humaines. Dans la nature ils se bâtissent des nids dans la végétation touffue pas très haut au-dessus du niveau du sol, souvent dans les haies vives. Le Pape de Louisiane chante en plein vol et tard le soir. Sa taille va de 12,5 cm à 14 cm. Un net dimorphisme sexuel apparaît chez le Pape de Louisiane. Le mâle (1), très bariolé, se distingue nettement de la femelle (2) d'un jaune verdâtre. Si l'on regarde le mâle par devant (3), on voit bien ressortir le rouge clair du dessous de son corps. Les œufs du Pape de Louisiane sont bleuâtres avec des taches rougeâtres (4).

4

2 ♀

Paradisier bleu Fringillidés
Passerina cyanea *Fringillidae*

Le Paradisier bleu convient pour l'élevage en cage ou en volière. C'est un oiseau paisible et peu exigeant. On l'alimente d'alpiste, de millet, niger, graine de lin et semences de salade, un peu de pavot, arroche, aune, verdure, pâtée à l'œuf et insectes dont il a besoin en grande quantité. On lui donnera également des vers de farine, des œufs de fourmis frais et des insectes capturés au filet dans les prés. Certains individus refusent la verdure et le millet germé. Dans une volière bien plantée de buissons, il établira vite son nid où la femelle pondra 2 à 5 œufs. Il nidifie même facilement dans un nichoir ouvert ou une cagette pour canaris placée dans sa cage. Si après l'éclosion des jeunes on ne donne à manger aux adultes que graines, verdure et pâtée à l'œuf, vers de farine et œufs de fourmis, on ne mènera jamais l'élevage à bien, car les oiseaux adultes rejetteront hors du nid les petits vers le douzième jour. Mais s'ils ont à leur disposition dans la volière une grande quantité d'insectes, araignées, sauterelles, etc., en général ils ne rejetteront qu'un seul jeune. Tous les échecs dans l'élevage du Paradisier bleu sont dus à un manque de variété dans l'alimentation des adultes au moment du nourrissage des petits. On a, mais rarement, réussi un croisement avec le canari, toutefois les essais en vue d'obtenir un canari bleu, à partir d'un croisement avec Paradisier bleu, n'ont jusqu'à présent donné aucun résultat.

Le Paradisier bleu bien acclimaté supporte sans inconvénient des températures avoisinant zéro degré. A moins deux degrés C, il se baignera encore, mais si le thermomètre descend plus bas la femelle plus frileuse restera coite, plumes gonflées. Les mâles, eux, peuvent résister à — 12° C.

3 ♂

Le Paradisier bleu vit dans les régions orientales des Etats-Unis, au Mexique et en Amérique centrale jusqu'au Panama. Dans la nature, il bâtit un nid dans les broussailles, pas très haut au-dessus du niveau du sol. Dans son plumage nuptial, le mâle (1) est bleu foncé, la femelle (2) a le dessus du corps brunâtre, le dessus de la tête et le dos sont plus clairs, et le dessous du corps est blanchâtre. Chez le

mâle, le devant du corps est plus clair (3). Il revêt son plumage nuptial chaque année au printemps et le perd par la mue en automne. Dans son plumage ordinaire, il a le dessus du corps brun-roux, le dessous brun-jaune, la gorge et le ventre blanchâtres (4). Chez la femelle, dans son plumage d'hiver, le bord des grandes couvertures est souligné de brun clair. Ces oiseaux atteignent 12,5 cm de long.

Canari Fringillidés
Serinus canaria *Fringillidae*

Dès le Moyen-Age on élevait des Canaris en Espagne, surtout dans les monastères. De là ces oiseaux sont parvenus en Italie, et vers l'an 1600 les premiers Canaris italiens apparurent au Tyrol. Ensuite ils ont pénétré dans les élevages de la région de Nuremberg, et de là graduellement dans les autres régions de l'Allemagne où il demeure toujours en grande faveur. Le Canari chantant, appelé aussi serin, est plus apprécié pour son chant que pour son coloris. Plus tard certains éleveurs ont amélioré le Canari au point de vue de la forme, de la taille et de la couleur.

La nourriture de base de tous les Canaris sera de quatre parts de navette d'été douce, une part d'avoine décortiquée et une part d'alpiste. De temps en temps on y ajoutera un peu de pavot, de graine de lin, de semences de salade ou du niger. En outre on donnera de la pomme, des figues et autres fruits, de la salade, de l'épinard, du radis rose, des épis de plantain, du mouron des oiseaux, etc. Ne pas oublier la carotte. Au moment de la mue, on suralimentera avec de la pâtée à l'œuf que l'on donnera à la femelle un jour sur deux à partir de janvier.

En mars les oiseaux commencent à nicher. Le couple sera installé au mieux dans une cage aux dimensions minimales de 50 × 40 × 40 cm. On peut accrocher le support du nid à l'intérieur ou à l'extérieur de la cage. Comme matériau de construction du nid, on mettra à la disposition des oiseaux la traditionnelle charpie (fils de tissu arrachés), du crin, de la bourre, etc. La femelle se met à couver dès qu'elle a pondu son premier œuf : on lui enlèvera aussitôt cet œuf et on le remplacera par un nichet. Quand elle en aura pondu quatre, on remettra dans le nid les vrais œufs, ceci pour que les jeunes éclosent en même temps. Ils naîtront au bout de 13 jours et seront élevés 18 à 20 jours plus tard.

2

Le lointain ancêtre de tous les Canaris actuels est le Canari sauvage, au coloris jaune-vert et qui vit encore actuellement dans les bois, les vignobles et sur les arbres des îles Canaries, à l'exception de l'île de Fuerteventura. Par croisement de ce Canari sauvage avec le serin *(Serinus serinus),* on a obtenu les premiers Canaris chanteurs jaunes (1). Une première variante à stature dressée sur de hautes pattes (dite «Canari dressé») semble avoir été le premier Canari belge, le «Malinois». D'autres Canaris dressés ont été obtenus en Hollande et en France. Ce sont les Anglais qui se sont le plus intéressés à l'amélioration de la race des Canaris. Les formes les plus connues de Canari dressé réalisées dans les élevages anglais sont le Yorkshire (2), le Border Fancies (3), le Frill (4), le Norwich (5) et le Bossu (6). Dans les années vingt de notre siècle ont commencé les premiers essais en vue d'obtenir un Canari rouge (7) par le croisement avec le *Spinus cucullatus* du Venezuela et de la Trinité.

1

Pinson à crête rouge — Fringillidés
Coryphospingus cristatus — *Fringillidae*

Les Pinsons sont des oiseaux très décoratifs de la famille des *Fringillidae.* On en importe plusieurs espèces dont l'élevage et les soins sont à peu près identiques. On les nourrit de millet, chènevis et avoine décortiquée, on y ajoute un peu de graines de pavot, de la navette et de la verdure en abondance. De temps en temps, on leur donnera aussi de la pâtée à l'œuf et des œufs de fourmis. Il faut bien se garder de donner trop de chènevis et de vers de farine, cette alimentation faisant trop engraisser les oiseaux. Quand ils manquent d'exercice, les oiseaux peuvent souffrir d'accès de goutte. Il faut donc éviter une cage trop petite, et mieux vaut garder les Pinsons en volière d'appartement ou de jardin. La volière extérieure sera bien plantée de buissons qui conviendront à l'établissement des nids. Parfois les oiseaux se contenteront d'une cagette ou d'un nichoir ouvert par-dessus pour y installer leur couvée. La pariade du Pinson à crête rouge est intéressante à observer. Le mâle sautille autour de la femelle, crête dressée bien haut, ailes relevées ainsi que les plumes de la queue. En même temps, il émet un gazouillement strident. Le chant propre du mâle est assez médiocre. La femelle pond 4 à 6 œufs blancs tachetés de brun, qu'elle couve seule de 11 à 12 jours. Après l'éclosion des petits, on ajoutera à l'alimentation normale quotidiennement de la pâtée à l'œuf et divers insectes. Les jeunes sont nourris au nid par les deux parents pendant 12 jours, après quoi ils prennent leur envol. Un mois après, ils sont complètement indépendants. Au moment de la nidification, les Pinsons se montrent très agressifs vis-à-vis des autres habitants de la volière.

3 ♂

Le Pinson à crête rouge est répandu en Amérique du Sud depuis la Guyane au nord, le Pérou à l'ouest, à travers le Brésil jusqu'au nord de l'Argentine au sud. Dans la nature les Pinsons se tiennent dans les broussailles épaisses où ils établissent aussi leur nid. Ils recherchent diverses sortes de chardons dont les semences sont leur principale nourriture. Ils ne s'approchent pas trop des habitations humaines.

Les Pinsons atteignent une taille de 13,5 cm dont la queue occupe 5,7 cm. La couleur vineuse du mâle (1) est très différente de la couleur brune qui domine chez la femelle (2). Quand il est excité, le mâle dresse sa huppe (3) qui est d'un beau rouge lumineaux au centre. Quand il est tranquille, sa huppe reste couchée, si bien qu'on n'en voit qu'une étroite bande rouge. La femelle est dépourvue de huppe.

Tisserin franciscain
Euplectes franciscana

Plocéidés
Ploceidae

La famille des *Ploceidae* comprend des oiseaux exotiques, dont les mâles, dans leur plumage nuptial, rutilent de toutes les couleurs. En captivité ils sont très peu exigeants et résistants, si bien que même des débutants peuvent les garder. L'alimentation est très simple — il leur suffit de diverses espèces de millet et de verdure. Au moment du nourrissage des petits, il leur faudra cependant en plus des graines germées et des insectes.

Le Tisserin franciscain est sociable, on peut en laisser plusieurs couples ensemble. On mettra à la disposition des couples assez de branchages épais ou d'arbustes entre lesquels les mâles tisseront leur nid en forme de sac. Dans ce but on leur fournira de longues fibres de noix de coco, de longs brins d'herbe et des fibres d'aubier. C'est toujours le mâle qui tisse le nid, et si, en cours de construction, la femelle s'approche du nid non achevé, le mâle se suspend en bas, à l'entrée du nid, les plumes fortement hérissées et, tête profondément penchée sur la poitrine, il émet des sons particulièrement grinçants, peu accueillants. Quand il veut que la femelle pénètre pour la première fois dans le nid, le mâle danse sans s'arrêter autour de l'édifice, plumes hérissées, il s'incline et agite rapidement les ailes par-dessus son dos en les faisant claquer. Après l'accouplemet, la femelle se met à fignoler l'intérieur du nid tandis que le mâle guette et s'élance en plein vol contre tout intrus. Seule la femelle couve, très assidûment. A la naissance les jeunes Tisserins sont nus, à part un imperceptible duvet sur la tête. Ils ouvrent les yeux à six jours et ils quittent le nid après 13 jours. En quatre semaines ils sont complètement indépendants et ils ressemblent à la femelle.

Le Tisserin franciscain atteint 11 à 12 cm. Le mâle (1), dans son plumage nuptial, se différencie nettement de la femelle (2) qui est surtout brunâtre. Le Tisserin se rencontre en deux sous-espèces en Afrique, depuis le sud du Sahara jusqu'au nord du Cameroun, en Oubangui-Chari (République Centrafricaine), dans la région de Darfour, au Soudan jusqu'au nord de l'Ouganda, en Ethiopie et en Somalie. Le Tisserin franciscain forme d'assez

3

grandes bandes et, quand il y a surpopulation, ces bandes s'abattent sur les champs des indigènes, surtout là où ils cultivent le mil. Le plus souvent ces oiseaux passent la nuit dans les roseaux des immenses régions marécageuses. Au début de la saison des nids, le mâle se colore dans son plumage nuptial; ceci se passe avec l'arrivée de la saison des pluies après laquelle les oiseaux se mettent aussitôt à nicher. Alors les grandes bandes se dispersent en petits groupes et les mâles bâtissent leurs nids (3) en petites colonies.

1 ♂

Travailleur à bec rouge Plocéidés
Quelea quelea *Ploceidae*

C'est peut-être l'espèce de tisserin la plus souvent importée en Europe. On en voit toujours en grande quantité sur le marché. Elle est très peu exigeante, elle est résistante et son alimentation est simple. Il lui suffit de diverses espèces de millet, du mouron des oiseaux, des feuilles de salade et autre verdure. Le Travailleur à bec rouge peut se garder en cage ou en volière d'appartement aussi bien que de jardin. Bien accoutumé, une température hivernale de 10° C lui suffit. On peut garder ces oiseaux par couple en cage, mais ils se trouveront mieux en groupes dans un plus grand espace. Dans ce cas la cohabitation de petites bandes ne se passe certes pas sans incessantes batailles surtout entre les mâles, mais heureusement c'est sans gravité. Mieux vaut ne pas les grouper avec de petites espèces d'oiseaux chanteurs. En captivité, surtout lors de l'élevage en cage, les ongles de tous les tisserins croissent rapidement, il faut donc régulièrement contrôler leurs pattes et raccourcir leurs griffes. Ces oiseaux doivent aussi avoir toujours de l'eau fraîche à leur disposition. Dans toute installation d'élevage où sont groupés ces passereaux, on fournira assez de lamelles d'aubier, foin, fibres de coco et de chanvre. Cela parce que, même en cage, les mâles construisent fiévreusement des nids et les tissent au besoin entre les barreaux de la cage. Le malheur est que, jusqu'à présent, il est rare que les tisserins mènent à bien une ponte en captivité. Le mâle du Travailleur à bec rouge exécute devant son nid la même danse nuptiale que tous les autres tisserins. Le nombre d'œufs, le temps d'incubation et d'élevage des petits, tout cela est pareil que pour les espèces précédentes. Pendant l'élevage des petits, il faut donner aux parents des graines germées et divers insectes.

L'aire de distribution du Quelea, ou Travailleur à bec rouge, est très étendue. On en reconnaît quatre formes géographiques vivant en Afrique, du Sénégal en passant par le Cameroun du nord, le Soudan, jusqu'en Ethiopie et en

3

Somalie. On en voit en Ouganda, et en Afrique orientale jusqu'en Mozambique et au Transvaal, au Botswana, dans le Damaraland et en Angola. Les recherches écologiques sur le terrain ont permis de déterminer certains mouvements de grandes bandes de tisserins à travers les pays. Ces migrations ne sont pas encore complètement expliquées.

Dans son plumage nuptial, le mâle (1) porte un masque noir, ce qui le distingue nettement de la femelle (2) gris-brun. Dans son plumage normal, le mâle a la même couleur que la femelle, seul son bec reste toujours rouge. Dans son plumage d'hiver, la femelle a le bec noir.

L'espèce niche en communautés sur les arbres, les arbustes et dans les roseaux. Le nid est en forme de sac (3). Les tisserins causent de notables dommages dans les champs et les plantations.

Veuve de paradis
Steganura paradisea

Plocéidés
Ploceidae

Le groupe des Veuves africaines de la famille *Steganura* se distingue par la beauté du plumage nuptial des mâles et une intéressante biologie de la nidification. Les Veuves ont de longues plumes caudales, elles ont donc besoin d'une grande cage, verrière de chambre ou volière de jardin. En hiver on les maintiendra à une température d'environ 10° C, mais des oiseaux bien acclimatés supporteront des températures plus basses. La nourriture est la même que celle des tisserins — il leur suffit de diverses sortes de millet, d'un peu d'alpiste, de verdure et de temps à autre d'œufs de fourmis, des vers de farine et autres insectes. Chez les Veuves, on constate un parasitisme des nids. Un mâle a plusieurs femelles et celles-ci vont pondre dans le nid d'autres oiseaux. Toutefois les Veuves ne rejettent pas de leur nid la progéniture étrangère, elles élèvent celle-ci avec leurs propres petits. Chaque espèce semble rechercher certains hôtes bien déterminés, dont les œufs sont en concordance quant à la couleur, ainsi qu'une même forme du larynx et une identité dans la disposition des papilles réflexives dans le bec des oisillons.

Il n'est pas recommandé de laisser les mâles, quand ils ont revêtu leur plumage nuptial, en compagnie d'autres petits oiseaux exotiques. Il les effraierait avec ses longues plumes caudales flottantes, et parfois même les attaquerait. Au contraire, dans son plumage ordinaire, le mâle est très pacifique et peut rester en compagnie de n'importe quel autre oiseau. En dépit de cette nidification parasitaire, on est déjà parvenu à plusieurs reprises à faire nicher avec succès des Veuves de paradis. Pour cela une bonne auxiliaire sera une femelle de domino à qui l'on confiera les œufs de la Veuve. Au moment du nourrissage des petits, on donnera aux adultes des vers pour rossignols et divers insectes.

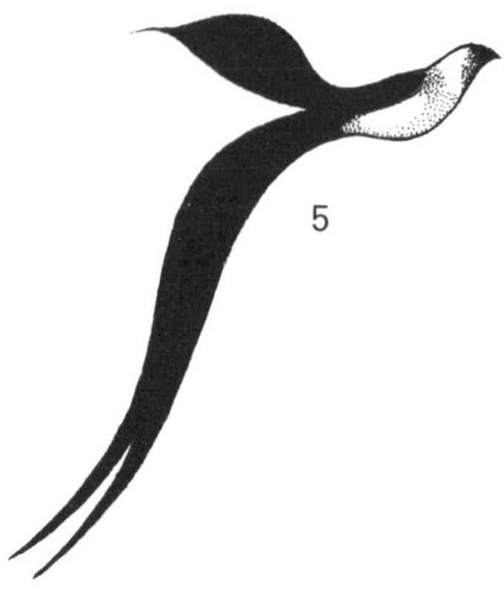

La Veuve de paradis est distribuée en six sous-espèces autour du Golfe de Guinée ainsi qu'en Afrique centrale et orientale. Les sous-espèces se distinguent les unes des autres surtout par la forme, la couleur et la longueur des plumes caudales du mâle. Dans son plumage nuptial, le mâle (1) est très coloré; la femelle (2) possédant des couleurs peu

marquantes toute l'année durant. Ces oiseaux atteignent une longueur de 14 à 15 cm, mais les mâles, prolongés par leur queue, peuvent arriver à 22—26 cm. L'oisillon a dans son bec des papilles réflexives bien développées (4). A seize jours un jeune est déjà bien emplumé (3). Les Veuves habitent les plaines ouvertes et les régions montueuses, elles vivent en grande bandes communautaires, souvent rassemblées avec d'autres paradisiers (de la famille des *Estrildidae*). Les mâles ont un vol battu bien particulier (5) au-dessus de leurs femelles qui restent toujours ensemble.

3

4

Loxigelle à pattes rouges
Hypochera chalybeata

Plocéidés
Ploceidae

La Loxigelle à pattes rouges présente non seulement un dimorphisme sexuel bien marqué et une intéressante nidification parasitaire, mais elle convient admirablement aux néophytes dans l'élevage des oiseaux exotiques. Après accoutumance, elle est très résistante, elle exige peu de soins et son alimentation est très aisée. On donne à cet oiseau diverses sortes de millet (y compris le mil du Sénégal en épis), de l'alpiste, du mouron des oiseaux, de la salade et autres verdures, de temps à autre des insectes en petite quantité. Chaque jour l'oiseau doit recevoir de l'eau fraîche à boire et pour se baigner. En hiver on l'installera dans un milieu où la température ambiante sera d'environ 10° C. Une cage n'est pas ce qui convient le mieux aux Loxigelles à pattes rouges. Ces oiseaux se porteront mieux en volière d'appartement ou de jardin. On peut attribuer à un seul mâle trois ou quatre femelles. Si l'on veut en tenter l'élevage, on doit les garder en compagnie d'amarantes du Sénégal *(Lagonosticta senegala)* qui sont les principales «nourrices» des petits de la Loxigelle. Quand les amarantes commencent elles-mêmes à nicher, la femelle de la Loxigelle va pondre dans le nid d'une amarante, même en présence de celle-ci. Ensuite, l'amarante élève les petits de la Loxigelle en même temps que les siens.

Dans la volière où l'on élève des Loxigelles, on peut sans crainte y adjoindre également diverses espèces d'astrilds, toutefois au moment où les oiseaux entrent en pariade il faudra surveiller la petite société d'oiseaux, car il arrive que le mâle de la Loxigelle devienne belliqueux.

3

4

Le mâle de la Loxigelle à pattes rouges (1), dans son plumage nuptial, est noir avec un reflet d'acier. La femelle (2) est gris-brun avec le dessous blanchâtre. Les jeunes oiseaux sont d'un brun grisâtre. La Loxigelle atteint une longueur de 10 à 11 cm, l'aile a 6 cm, la queue peut arriver à 4 cm. Dans le bec d'un oisillon de douze jours (3), on peut voir les papilles réflexives, et chez un oiseau de seize jours déjà les plumes ont complètement poussé (4).

Dans la nature, l'espèce a son aire de répartition en quatre régions sub-spécifiques, allant du Sénégal, par le Tchad, le Soudan et l'Ethiopie. Autour du lac Nyassa vit isolément une sous-espèce, la Loxigelle *Hypochera chalybeata codringtoni.* Le biotope de cet oiseau est la plaine ou une région montueuse, où il recherche sa nourriture surtout au sol. On peut le rencontrer non seulement en pleine campagne mais aussi dans les villes, dans les jardins et les rues, dans les cours de fermes au village, sur les toits, etc.

Astrild à joues rouges — Astrildidés
Estrilda melpoda — *Estrildidae*

Cet oiseau s'importe en grande quantité en Europe. En captivité, il est toujours extrêmement actif, sociable et s'entend bien avec tous les oiseaux qui cohabitent avec lui. En cage, il convient pour l'ornementation, si toutefois on veut en faire l'élevage il faudra lui donner une volière aussi grande que possible, de chambre ou de jardin, où il y ait assez de broussailles, d'herbes, d'endroits où se cacher. C'est là que l'oiseau bâtira un nid bien dissimulé, un nid rond avec entrée latérale, placé soit directement au sol ou dans la végétation touffue à faible hauteur. On installera un petit toit au-dessus du nid afin qu'en cas de mauvais temps la pluie ne le détruise pas. La femelle pond de 3 à 7 petits œufs qu'elle couve pendant 11 ou 12 jours. Après l'éclosion, il est très important de mettre à la disposition des parents une quantité suffisante d'insectes. Dans une grande volière extérieure bien plantée de buissons, les oiseaux en trouveront aisément, malgré cela il faudra leur donner des œufs de fourmis frais, de petits vers de farine, des insectes capturés au filet dans les prairies, etc. Autrement, les oiseaux recevront comme nourriture de base diverses sortes de millet, surtout le mil du Sénégal en épis, du panic, en outre de la semence de gazon, de l'alpiste, de la pâtée à l'œuf et toutes sortes de verdure. La condition essentielle de la réussite de l'élevage de petits Astrilds réside dans une abondante et variée nourriture animale. Les oisillons sortent du nid à 22 jours et les parents les nourrissent encore 14 jours durant. Les jeunes oiseaux sont complètement emplumés au bout de six semaines. Certains éleveurs, quand les conditions sont favorables, ouvrent la volière aux Astrilds qui nichent et les oiseaux volettent dans les environs à la recherche de nourriture. Les Astrilds hivernent à une température de 10° C.

2

Le mâle (1) de l'Astrild à joues rouges est de la même couleur que la femelle. Les jeunes oiseaux (2) ont un plumage plus mat, la tête et le dessous du corps sont brunâtres, le bec est noir. L'oiseau atteint une taille de 9 à 10 cm.

L'espèce est répandue en trois sous-espèces en Afrique occidentale et centrale, du Soudan et de la Gambie jusqu'au Congo. Son biotope est la savane, surtout à proximité des cours d'eau, des marais et à l'orée des forêts. L'oiseau a un vol très rapide, et quand il vole on voit très bien son croupion rouge (3). A la saison de la nidification ces oiseaux restent par couples, mais en

3

dehors de cette période ils se rassemblent en grandes bandes. Le mâle, au cours de la pariade, chante avec un fétu dans le bec. Au-dessus du nid proprement dit, l'Astrild construit souvent un deuxième nid inachevé, sans doute pour détourner l'attention du véritable nid auprès duquel les Astrilds ont une attitude très prudente et ils s'en éloignent subrepticement à la moindre alerte.

1 ♂

Bec-de-corail Astrildidés
Estrilda troglodytes *Estrildidae*

C'est peut-être l'espèce d'Astrild la plus souvent importée. Elle est arrivée en Europe pour la première fois au milieu du XVIIIe siècle. Les oiseaux récemment importés doivent s'acclimater lentement, ensuite ils sont peu exigeants, toujours vifs et très tolérants vis-à-vis d'autres espèces. En cage jamais ils ne nichent avec succès, par contre en volière de jardin on peut espérer un élevage. Toutefois la condition nécessaire est que la volière soit plantée d'une végétation touffue, et surtout de hautes herbes. La pariade se manifeste par une sorte de danse que le mâle exécute avec un fétu dans le bec. Le nid proprement dit est bâti par les deux partenaires, le plus souvent très bas dans les fourrés ou directement sur le sol parmi l'herbe drue. L'accouplement se fait dans le nid. La femelle pond 3 à 8 œufs, les deux oiseaux alternent pour couver pendant le jour, et la nuit la femelle seule se charge de la couvaison. Les jeunes éclosent déjà au bout de 11 à 12 jours. Ils ont une peau jaune avec un fin duvet bleuâtre, et des papilles d'un bleu marqué aux commissures du bec. A ce moment, la condition d'un bon élevage réside dans une alimentation bien appropriée. Les parents doivent recevoir, outre l'alimentation habituelle, des vers de farine, des œufs de fourmis toujours à leur disposition, mais surtout diverses espèces d'insectes que l'on capturera dans les prés (attention aux pulvérisations chimiques). Au bout de 17 à 18 jours les petits sortent du nid. Déjà à 14 jours, on commence à reconnaître les jeunes mâles à leur gazouillis. Les oiseaux commencent à s'emplumer à l'âge de six semaines.

Comme base de nourriture on donnera au Bec-de-corail du panic, de la nigelle, du mil du Sénégal en épis et un peu d'alpiste. On donnera des graines sèches mais aussi des graines germées, on y ajoutera des herbes comme des épis de plantain, etc.

2 ♀

L'habitat de cette Astrild de 9 à 10 cm (1) est la steppe sèche de l'Afrique occidentale et orientale, du Soudan à la Gambie en passant par les régions en bordure du Sahara jusqu'au nord de l'Ethiopie. En certains endroits le Bec-de-corail est très abondant, en d'autres il ne vit qu'à l'état sporadique. Ces oiseaux affectionnent de se tenir dans les fourrés bas, sur les rives des petits cours d'eau et dans les régions marécageuses.

La femelle (2) a le bec d'un rouge moins intense et la bande rouge qui passe sur l'œil est imperceptiblement plus étroite et plus courte que chez le mâle. Le chant du Bec-de-corail résonne comme «pitoui . . .pitoui» ou encore comme «tjyi . . .tjyi». Un simple appel correspo à «tji . . .tji». Le nid (3) est rond, couvert par-dessus, avec une entrée latérale. Parfois les oiseaux décorent le dessus du nid avec quelque chose de très vivement coloré, par exemple des bouts de papier.

3

1 ♂

Amarante du Sénégal
Lagonosticta senegala

Astrildidés
Estrildidae

L'Amarante du Sénégal est l'une des plus abondantes espèces d'Astrilds que l'on trouve sur le marché, et jouit d'une grande faveur parmi les éleveurs. Les oiseaux récemment importés doivent être très soigneusement acclimatés, surtout les femelles qui sont fragiles et sont moins nombreuses que les mâles. On les habituera à une température de 25° C que l'on pourra abaisser progressivement. Après quelques mois, les Amarantes supportent des températures provisoires autour de zéro degré, mais mieux vaut ne pas les garder au-dessous de 10° C. On les installera dans de grandes cages ou dans une volière. C'est évidemment là que les oiseaux se trouveront le mieux, surtout si la volière est plantée de buissons qui seront installés tout autour, en laissant le milieu de la volière vide, étant donné que les oiseaux aiment se tenir sur le sol. Plusieurs couples d'Amarantes ensemble, cela ne donne rien de bon, mais on peut en laisser un couple avec d'autres espèces sans inconvénient. Le mâle lance seulement un sifflement, et, quand il est effarouché, il émet un cri d'avertissement «tsek ... tsek». Durant la pariade il sautille avec un fétu dans le bec autour de la femelle. L'Amarante bâtit son nid dans un nichoir ou dans les broussailles. La couvée rassemble 4 ou 5 petits œufs blancs que les deux parents couvent alternativement pendant la journée, et que la femelle couve seule pendant la nuit. La période d'incubation est de 11 jours. Les parents nourrissent leurs petits avec beaucoup de zèle, mais il peut arriver qu'ils en rejettent un hors du nid; cela est manifestement la conséquence d'une insuffisance de nutrition d'origine animale. C'est la raison pour laquelle, lors du nourrissage, on veillera à la composition de la nourriture mais aussi on contrôlera régulièrement la vie dans la volière. Les jeunes oiseaux volent entre 17 et 21 jours, mais ils sont encore nourris par les parents pendant deux semaines. L'alimentation de base est la même que celle des autres Astrildidés.

3

Un net dimorphisme sexuel apparaît chez l'Amarante du Sénégal. Le mâle (1) est principalement brun-rouge, la femelle (2) est, selon la sous-espèce, d'un brun olivâtre clair ou foncé. L'oiseau atteint 10 cm. Le jeune (3) est d'un brun gris, le lorum, le croupion et les sus-caudales sont rouges, le bec est noir. Dans les commissures du bec d'un jeune de douze jours, on voit nettement les papilles réflexives blanches (4).

Un jeune de seize jours est en grande partie déjà couvert de plumes (5). C'est sous environ neuf formes géographiques que l'Amarante du Sénégal est répandue, pour la plus grande partie en Afrique tropicale, du Sahara et du désert de Nubie jusqu'en Ethiopie et en Somalie, en Afrique orientale et au sud jusqu'à Natal et au Transvaal. L'oiseau vit dans la steppe et la savane à végétation rare et s'avance jusqu'au bord des déserts.

Astrild papillon Astrildidés
Uraeginthus bengalus *Estrildidae*

Pour ses belles couleurs, sa vivacité, son peu d'exigences et un élevage relativement aisé, ce petit oiseau est l'un des Astrildidés les plus appréciés. Récemment importé, l'oiseau est assez fragile au début, il exige de la chaleur et de soins. Il semble que les mâles soient, à ce moment-là, plus prédisposés aux maladies que les femelles, ce qui est un phénomène unique chez les Astrilds. Une fois bien acclimatés, ces oiseaux sont très résistants et supportent en hiver des températures avoisinant zéro degré. En captivité ils peuvent vivre 12 à 14 ans.

Leur alimentation de base sera assez diverse : millet, panic surtout et mil du Sénégal en épis. On donnera aussi un peu d'alpiste, et toutes ces graminacées seront également offertes sous forme de graines germées. Un jour sur deux on y ajoutera de la pâtée à l'œuf, de la nourriture d'origine animale et du mouron des oiseaux. Ces Astrilds supportant bien la compagnie d'autres oiseaux on peut les élever ainsi dans une grande volière de jardin ou d'appartement. S'il y a des buissons de plantes vivaces dans la volière, les Astrilds y bâtiront un nid rond entre les branches, surtout au bord de celles-ci. Ils nichent d'ailleurs tout aussi bien dans un nichoir de 12 × 12 × 15 cm qui reste ouvert pour un tiers. La couvée comportera de 3 à 7 petits œufs que les deux parents couveront alternativement pendant 11 jours. A l'éclosion, les oisillons ont dans les coins du bec des papilles réflexives d'un bleu azur. Pendant le nourrissage des petits, les parents doivent recevoir une alimentation animale, surtout des œufs de fourmis, des vers de farine, des drosophiles et des araignées. Les jeunes quittent le nid à 20 ou 21 jours, au début ils volent encore mal et se tiennent surtout au sol.

L'Astrild papillon est répandue sous huit formes géographiques dans les régions tropicales du nord de l'Afrique, depuis le Sénégal en passant par le Cameroun, du Soudan en Ethiopie, de là vers l'Ouganda, les plateaux du Kenya, la Tanzanie, le nord de la Rhodésie et l'Angola. Les oiseaux vont picorer les herbacées sauvages sur les décombres à proximité des villages et, dans les montagnes

3 ♂

4 ♂

d'Ethiopie, ils montent jusqu'à 2400 mètres. Ils restent le plus souvent dans les broussailles épineuses du bush et dans les steppes sèches. Ils vivent par couples ou en petits groupes, rarement en grandes bandes. Le mâle (1) se distingue de la femelle (2) par une nette tache d'une rouge-brun de chaque côté de la tête. Les jeunes oiseaux ressemblent à la femelle, mais les jeunes mâles acquièrent tout de suite une teinte plus intense pour leurs plumes bleues. Une espèce apparentée, l'Astrild angolaise, *Uraeginthus angolensis,* (3) est presque de la même couleur, mais les mâles n'ont pas de demi-lune rouge sur la tête. L'Astrild à tête bleue, *Uraeginthus cyanocephalus* (4) se remarque par sa tête entièrement bleue.

Astrild grenadin Astrildidés
Uraeginthus granatinus *Estrildidae*

Ce bel oiseau est moins importé en Europe que l'Astrild papillon. Pour les oiseaux récemment arrivés, il faudra être d'une prudence extrême quant à la température et à l'humidité du milieu ambiant. En cours d'acclimatation on gardera l'Astrild grenadin dans une chambre chaude et ensoleillée à une température de 20 à 26° C. Ce n'est qu'au bout de quelques mois que l'oiseau deviendra résistant et moins sensible aux variations de température. Les avis des spécialistes sont différents quant à l'élevage en volière de jardin. Certains ne le recommandent en aucun cas, d'autres au contraire estiment que c'est l'unique moyen de réussir un élevage, évidemment à condition que la volière soit couverte de façon à ce que ni le vent ni la pluie ne puissent y pénétrer. Il faut toutefois que le soleil y pénètre bien. Dans une volière ainsi disposée et bien plantée de verdure, l'Astrild grenadin se bâtira un nid librement dans la végétation, ou il adoptera un nichoir. La ponte est de 4 à 6 œufs, l'incubation dure 14 jours. Etant donné que tous les couples de cette espèce ne couvent pas bien, on pourra le cas échéant donner leurs œufs à couver à des Astrilds papillons qui eux, en général, mènent à bien l'élevage des petits. Les jeunes éclos sont entièrement d'un jaune brun, sauf le croupion qui est bleu. Dès leur quinzième jour de vie commence à apparaître la coloration des adultes, ainsi on pourra facilement en reconnaître le sexe.

On donne à manger à l'Astrild grenadin diverses sortes de millet et de l'alpiste, on y ajoute un peu de graines de pavot et un mélange a l'œuf. Au moment de l'élevage des petits, il faut nécessairement leur donner le plus d'insectes possible.

4 ♀

3 ♂

Le mâle de l'Astrild grenadin (1) a le lorum, le menton et la poitrine de couleur noire, et dans l'ensemble il est de teinte beaucoup plus foncée que la femelle (2). Les oiseaux atteignent 13 à 16 cm. Leur biotope est la steppe du nord de l'Afrique du Sud jusqu'au Zambèze, au Botswana, au Transvaal et Natal. Ces oiseaux habitent les régions broussailleuses et les forêts claires. Ils vivent le plus souvent par couple, au maximum en petits groupes. Ils commencent à nicher vers la fin de la saison des pluies, après laquelle il y a suffisance de nourriture. Ils bâtissent un nid d'herbes à une hauteur de 0,50 à 2,50 m et le garnissent de plumes.

L'Astrild grenadin ressemble un peu à l'Astrild à ventre bleu, *Uraeginthus ianthinogaster* (3). La femelle de cette espèce (4) a la tête et le cou d'un brun-noir clair et la gorge jaune rougeâtre. La coloration des deux sexes est toutefois assez changeante.

Amadine à tête rouge Astrildidés
Amadina erythrocephala *Estrildidae*

Ces oiseaux, importés, s'acclimatent vite et deviennent résistants, peu exigeants. On les fera hiverner en un endroit absolument à l'abri de la gelée. Certains individus ne dérangent pas du tout leurs voisins; d'autres par contre s'introduisent dans le nid d'oiseaux cohabitant avec eux et qui aussitôt abandonnent leur progéniture, œufs ou petits déjà nés. L'Amadine à tête rouge est mauvaise couveuse, c'est pourquoi les éleveurs utilisent souvent avec succès une femelle de Domino. On placera toujours un maximum de 4 œufs sous une telle couveuse. L'Amadine à tête rouge peut pondre dans un nichoir, ou il lui arrive exceptionnellement de bâtir un nid dans les buissons de sa volière. La ponte sera de 4 à 6 œufs que les deux parents couveront alternativement. Il vaut mieux ne pas contrôler les oiseaux au moment où ils couvent, car ils pourraient abandonner la couvée. Si d'aventure on dérange une femelle en train de couver, elle hérisse les plumes de tout son corps, se dresse sur ses pattes en hochant la tête. Les jeunes éclosent au bout de 14 jours. Au moment de leur nourrissage, il est absolument nécessaire d'ajouter à l'alimentation de la pâtée et une nourriture d'essence animale, mais en petites quantités. Si on donne trop de cette nourriture à l'Amadine à tête rouge, elle rejettera du nid des oisillons de huit ou même de dix jours. Ceci résulte d'une surexcitation de son instinct sexuel. Pour cette raison, au moment de l'élevage des petits, certains éleveurs préfèrent ne donner à cette Amadine que des graines sèches et germées. Si la nidification se déroule normalement, les petits quittent le nid au bout de 22 à 24 jours, et ils sont encore nourris un certain temps par leurs parents.

L'alimentation de base de cette Amadine est l'alpiste et le millet sec ou germé. De temps en temps, on y ajoutera du mil du Sénégal en épis, un peu de graines de pavot et de la pâtée aux œufs.

3

Le mâle (1) de l'Amadine à tête rouge (1) a la tête et la gorge rouge brique, la femelle (2) a la tête gris-brun. Le jeune oiseau (3) est semblable à la femelle, sauf qu'il a le bec noir. L'Amadine à tête rouge atteint une taille de 13 à 14 cm. Elle est originaire d'Afrique du Sud où elle est

répandue du nord du Cap, à travers la Namibie, jusqu'en Angola, au Botswana et à la partie occidentale de la Rhodésie. Ces Amadines habitent les paysages ouverts, la steppe et le bush avec des buissons épineux. Les oiseaux volent souvent jusqu'aux habitations mais ils sont assez farouches. Ils ne bâtissent pas volontiers un nid et s'efforcent d'utiliser un nid vide d'autres oiseaux, les nid de tisserins et de moineaux font surtout leur affaire. Les femelles pondent souvent dans un nid occupé par une autre femelle de la même espèce, si bien que cela donne lieu à couvées mixtes. C'est toujours la femelle du nid d'origine qui couve, dans ce cas.

Amadine cou-coupé Astrildidés
Amadina fasciata *Estrildidae*

C'est peut-être la première espèce d'oiseau exotique importée en Europe, probablement déjà au XVIIe siècle. Il a toujours été parmi ceux que l'on importe le plus et offre en grand nombre sur le marché, et il en va encore ainsi de nos jours. Les Amadines sont des oiseaux résistants et peu exigeants. On les nourrit d'un mélange de diverses variétés de millet, de panic, de mil du Sénégal en épis, le tout à l'état sec, gonflé ou germé. Il importe aussi de donner assez de verdure, de pâtée à l'œuf, de chaux et de vitamines. En ce qui concerne l'alimentation d'origine animale, certains éleveurs ne la recommandent pas même au moment du nourrissage des petits, d'autres au contraire sont d'avis que cette alimentation est nécessaire, surtout les œufs de fourmis et les vers de farine. En tout cas, il faut être très prudent avec cette alimentation au moment de l'élevage des jeunes. En effet, si la nourriture des Amadines est d'une trop haute teneur en albumine, leur instinct sexuel est excité. Il les force à rejeter les jeunes du nid pour recommencer à pondre.

Les Amadines cou-coupé sont parfois agressives, et il leur arrive, quand elles ne nichent pas elles-mêmes, de rejeter du nid les petits d'autres oiseaux. Tous les couples n'ont pas la même attitude, c'est pourquoi on les gardera plutôt séparément dans une grande cage ou dans une volière. Les Amadines nichent très facilement en nichoir, dans une volière, ou elles se bâtissent un nid dans les branchages. La femelle pond de 4 à 8 œufs que les deux parents couvent alternativement pendant 12 à 14 jours. Si l'alimentation est convenable, les petits sortent du nid au bout de 21 jours. Les adultes les nourrissent encore assez longtemps. Dès que les jeunes sont complètement indépendants, on les séparera de leurs parents qui sinon se mettraient à les pourchasser.

2 ♀

L'Amadine cou-coupé se présente en trois sous-espèces en Afrique. Son aire de distribution s'étend du Sénégal vers le sud du Soudan jusqu'au nord et au nord-est de l'Ethiopie, plus loin par l'Afrique orientale vers le sud jusqu'au Transvaal. Le biotope de cette Amadine est la steppe et le semi-désert planté d'acacias. Elle est présente également près des habitations des indigènes et au bord des champs. Elle bâtit son nid dans des buissons bas, sur des arbres, sur les toits des habitations ou dans les creux d'arbres. Parfois elle réutilise un ancien nid de tisserin dont elle réduit le trou d'envol et qu'elle regarnit à l'intérieur.

Cet oiseau atteint une longueur de 12 à 13 cm. Le mâle (1) porte en dessous du cou une bande rouge carminé. La femelle est dépourvue de cette bande sur le cou et des taches marron sur le ventre (2). Les jeunes oiseaux ont la même coloration que leurs parents, mais leurs couleurs sont plus ternes.

Bengali zébré Astrildidés
Amandava subflava *Estrildidae*

C'est l'un des plus petits représentants de la famille des *Estrildidae.* Il jouit d'une grande faveur parmi les éleveurs pour son peu d'exigences, ses belles couleurs et sa tolérance envers les autres espèces d'oiseaux. Bien soigné, il peut vivre dix ans en captivité. Les Bengalis aiment se baigner et s'exposer aux rayons du soleil. On les alimente avec de petites espèces de millet, de panic, et de mil du Sénégal en épis. Ils doivent recevoir quotidiennement quelques œufs de fourmis, vers de farine et éventuellement d'autres insectes ainsi que de la pâtée à l'œuf. Ce qui leur convient le mieux c'est une volière de jardin ou d'appartement, avec assez de verdure, surtout des arbustes. Pour le choix du nid ils ne sont pas difficiles. S'ils en ont l'occasion, ils se bâtiront eux-mêmes un nid parmi les branches, d'autres occuperont un nichoir de 12 × 12 × 12 cm avec une demi-paroi antérieure ouverte, d'autres encore s'installeront dans un nid abandonné par d'autres oiseaux. Pour qu'ils se bâtissent un nid, on mettra à leur disposition des brins d'herbe, des fibres de coco et des plumes dont il garniront l'intérieur. Au moment de la pariade, le Bengali zébré mâle ne porte point de fétu dans son bec comme le font la plupart des Astrilds, mais il se dresse, plumes hérissées et queue tendue en éventail en faisant des révérences devant la femelle. Après l'accouplement, celle-ci pond 3 à 6 et exceptionnellement jusqu'à 9 œufs que les deux partenaires couvent alternativement pendant 11 à 12 jours. Les jeunes restent 21 jours au nid. Après leur envol, ils sont très sensibles à une baisse de la température. Leur coloration ressemble très fort à celle des petits bengalis communs. Au moment du nourrissage des petits, le Bengali zébré doit consommer assez d'insectes de toutes sortes.

3 ♂

4 ♀

Le Bengali zébré, qui atteint 9 cm, se rencontre sous forme de deux sous-espèces en Afrique, du Sénégal à l'Ethiopie, puis vers le sud au Transvaal, à Natal et dans la région septentrionale du Cap.

Chez la forme *Amandava subflava subflava,* le mâle (3) a la poitrine et le ventre de couleur orange et une bande rouge au-dessus de l'œil. La femelle (4) est dépourvue de cette bande au-dessus de l'œil et, en dessous, le milieu est jaune clair. Chez la sous-espèce *Amandava subflava clarkei,* le mâle (1) est jaune clair depuis le bec jusqu'aux plumes sous-caudales; la femelle (2) ressemble à celle de la sous-espèce *Amandava subflava subflava,* en ayant toutefois le ventre plus jaune. Dans la nature l'espèce habite la steppe, les régions côtières et le bord des marais. En Ethiopie, elle monte jusqu'à une altitude de 2500 mètres. Elle niche souvent en colonies, utilisant parfois des nids de tisserins abandonnés. En dehors de la saison des nids, l'espèce forme de grandes bandes.

Bengali commun
Amandava amandava

Astrildidés
Estrildidae

Le Bengali commun est l'unique espèce de son genre qui, au cours de l'année, revêt deux plumages : un plumage nuptial à la saison des nids et un simple plumage lorsque celle-ci a pris fin. C'est un oiseau très résistant, peu exigeant, et qui peut vivre jusqu'a dix ans s'il est bien soigné. En général accoutumer un oiseau récemment importé n'offre pas de grandes difficultés. Une fois bien acclimaté, l'oiseau supporte sans inconvénient de faibles gelées, mais il vaut mieux le faire hiverner en un endroit à l'abri du gel. L'espèce a certes été élevée en cage, mais il vaut mieux la tenir en volière de jardin ou d'appartement, une volière plantée de buissons et d'herbages (les roseaux conviennent très bien) où les oiseaux grimperont et se limeront ainsi naturellement les ongles. Le Bengali commun se bâtit un nid dans l'herbe, dans un buisson touffu, et aussi dans un nichoir ou une cagette pour pinsons. La couvée est de 4 à 6 œufs, parfois jusqu'à 9. Les deux parents participent à la couvaison. Au bout de 12 à 14 jours les jeunes éclosent, et ils ont tout de suite absolument besoin de manger des insectes. On en capturera aisément dans un pré qui n'a pas été aspergé de produits chimiques. La principale nourriture animale de l'alimentation des jeunes est fournie par les vers de farine, et les œufs de fourmis. On leur donnera aussi de la pâtée à l'œuf. Les petits quittent le nid au bout de trois semaines et, 21 jours après, ils commencent à s'emplumer, ce qui leur prend trois mois.

Le Bengali commun a besoin de beaucoup de soleil. Si on le garde dans un lieu humide et sombre, son plumage se ternit et devient plus foncé. La nourriture de base des adultes se compose de millet, panic, mil du Sénégal en épis, et comme verdure de mouron des oiseaux.

3

Dans la nature, le Bengali commun se présente en trois sous-espèces. L'espèce déterminée, *Amandava amandava,* habite les plaines et les montagnes de l'Inde centrale, occidentale et méridionale, l'ouest du Pakistan et l'Assam oriental. La sous-espèce *Amandava amandava punicea* provient de l'Indochine, Java, Bali, de la Thaïlande intérieure, du Cambodge et de Hai-nan. *Amandava amandava flavidiventris* vit dans les îles Lombok, Sumba, Flores, Timor ainsi qu'en Birmanie et ailleurs. Le mâle, dans son plumage nuptial, (1) est surtout, d'un rouge pourpré avec des points blancs. La femelle (2) est brune au-dessus et ocre jaune en dessous. Les

jeunes ressemblent à la femelle mais ils ont le bec noir (3). Ces oiseaux atteignent 9 à 10 cm. Au moment de la nidification, les Bengalis vivent en couples mais parfois aussi en colonies; en dehors de cette saison ils se rassemblent en bandes assez nombreuses.

Pape tricolore Astrildidés
Erythrura trichroa *Estrildidae*

Le Pape tricolore est un oiseau qui niche aisément, vite et sans problèmes en captivité. Il a été importé pour la première fois en Europe en 1886, et dès l'année 1887 des couvées ont été menées à bien. Comme ce sont des oiseaux très agités, on les gardera de préférence dans une volière bien plantée d'arbustes plutôt qu'en cage. C'est là que le Pape tricolore se plaira le mieux, et il se mettra bien vite à nicher. Le mâle poursuit la femelle d'un vol rapide et, quand il l'a attrapée il lui plante le bec dans la nuque, et s'accouple. Le nid est le plus souvent établi dans des nichoirs à moitié ouverts, de 12 × 12 × 15 cm. Dans une volière bien plantée, l'oiseau bâtit son nid dans les broussailles. La ponte compte 4 ou 5 petits œufs de 15 × 10 mm que la femelle couve seule pendant le jour, et la nuit les parents se relaient. Pendant la journée le mâle veille soigneusement sur le nid contre tout visiteur importun. Les jeunes éclosent au bout de 12 à 14 jours et quittent le nid à l'âge de 22 à 24 jours. Ils sont alors encore nourris par leurs parents pendant 14 jours. Ils sont complètement garnis de plumes à trois mois.

On nourrit le Pape tricolore de millet, d'alpiste, d'avoine, tout cela sec ou germé. On y ajoute du mélange à l'œuf, une alimentation animale, des fruits et de la verdure.

La voix de ces oiseaux résonne «tsit ... tsitt ... tsitt», leur chant est aigu, en trilles. Après une bonne acclimatation (surtout pour les générations élevées depuis plusieurs années dans les conditions climatiques européennes), ils supportent passagèrement sans inconvénient des températures avoisinant zéro. Comme le Pape tricolore nidifie facilement, certains éleveurs l'utilisent comme parents nourriciers de l'amadine plus délicate du genre *Erythrura.*

3

Dans la nature l'aire de répartition du Pape tricolore est assez vaste : on en reconnaît donc plusieurs formes géographiques. Ces oiseaux vivent dans l'archipel des Moluques, en Nouvelle-Guinée, dans les îles Salomon, aux Nouvelles-Hébrides, dans les archipels des Carolines et Bismarck ainsi que sur la côte orientale de la péninsule du Cap York. Ils se tiennent le plus souvent à proximité de l'eau, dans la plaine ou la montagne. Le nom de l'espèce indique bien la combinaison de trois couleurs du plumage de l'oiseau. Chez le mâle, (1) on voit resplendir du vert, du bleu et du rouge. La femelle (2) a les mêmes couleurs, mais toutes ses plumes sont plus mates, surtout celles de la tête. Le jeune oiseau (3) a les plumes du dessous du corps d'un vert olive, il n'a pas du tout de couleur bleue sur la tête ou bien elle n'est que partiellement marquée, son bec est plus clair.

2 ♀

1 ♂

Diamant à tête rouge
Erythrura psittacea

Astrildidés
Estrildidae

Le Diamant à tête rouge est, depuis des dizaines d'années déjà, l'un des Astrildidés le plus en vogue. Bien soigné dans une installation convenable, il niche aisément et mène à bien sa couvée. Des individus récemment importés seront acclimatés à une température d'au moins 20° C. Les oiseaux d'élevage européen résistent au froid et aux variations de température. L'hiver, on les gardera à une température avoisinant 10° C. Le Diamant étant très mobile, il vaut mieux l'installer dans une volière ou une serre qu'en cage. Cet oiseau se baigne volontiers. Comme nourriture il a besoin d'alpiste, d'un mélange de diverses sortes de millet, d'un peu de niger, d'œufs de fourmis, d'une pâtée à l'œuf de bonne qualité, de verdure, de fruits; il lui faut aussi de la chaux, des vitamines. Tout au long de l'année, on y ajoutera des graines germées. Nous mettons en garde contre une suralimentation en graines oléagineuses et en vers de farine, car cela provoque l'obésité des oiseaux et aussi une maladie du foie. L'élevage sera le plus aisé dans une volière bien plantée de buissons. Ce qui est agréable avec cet oiseau, c'est que l'on peut en garder plusieurs couples ensemble. Parmi les branches de la végétation de la volière, ou dans le nichoir mis à sa disposition — nichoir à demi-ouvert — c'est le mâle qui apporte le matériel de construction du nid en touffes : ce qui constitue une exception chez les Astrildidés. Le creux du nid est garni de plumes ou d'herbes fines. La femelle pond 4 ou 5 petits œufs que les deux parents couvent alternativement pendant 13 à 14 jours. Les petits quittent le nid à l'âge de 20 ou 21 jours. En quatre mois, les jeunes oiseaux acquièrent leur plumage d'adultes. Le chant du Diamant à tête rouge mâle donne quelque chose comme «tri ... tri ... tri ... tri ... tri ... ri ... ri ... ri ... i ... i ... i».

3

Dans la nature, le Diamant à tête rouge ne vit que dans l'archipel de la Nouvelle-Calédonie. Il recherche les plaines herbeuses avec des broussailles. Il établit le plus souvent sur les arbres son nid rond, mais il lui arrive de l'installer dans des rochers, et même dans des bâtiments. A la saison des nids, ces oiseaux vivent par couples. En dehors de cette saison ils se rassemblent en bandes. Ils se nourrissent surtout de graines qu'ils

1 ♂

recueillent sur le sol. Le Diamant à tête rouge atteint 12 à 13 cm. Le mâle (1) a la tête d'un beau rouge. La femelle (2) a le bec imperceptiblement plus long et la teinte rouge, sur sa tête, occupe un espace plus réduit. Le jeune oiseau (3) ressemble à la femelle, mais toutes ses couleurs sont sans reflet brillant. Les jeunes mâles ont toujours la tête plus rouge que les jeunes femelles.

2 ♀

Diamant de Gould
Erythrura gouldiae

Astrildidés
Estrildidae

Le Diamant de Gould appartient à l'une des plus belles espèces d'oiseaux du monde. Il a été décrit dès 1844 par le peintre et ornithologue anglais John Gould. Ces oiseaux sont très exigeants quant à la chaleur, aussi vaut-il mieux les garder en verrière de chambre ou en serre. Dans les conditions climatiques européennes, ils se portent le mieux à une température supérieure à 24° C et une humidité relative de 65 à 70 %. Plus la température est élevée, plus haut aussi doit être le degré d'humidité, et vice-versa. L'éleveur doit attentivement observer cette règle. On nourrit ces oiseaux avec un mélange composé de 30 % de panic, 30 % d'alpiste, 30 % de mil du Sénégal et 10 % de millet blanc. Certains individus ne s'habituent que lentement au mélange à l'œuf et à la nourriture animale. Ils aiment beaucoup le blanc et le jaune d'œuf de poule cru. On doit leur donner également des matières minérales et des vitamines. Durant les mois d'hiver, certains éleveurs recommandent de donner une fois par semaine de l'huile de poisson. Pour la nidification, ce qui convient le mieux c'est un nichoir de 15 × 15 × 15 cm. On fournira les matériaux de construction du nid aussi variés que possible, car chaque couple est attaché à son propre choix. Le chiendent convient très bien *(Agrostis)*. Certains couples ne garnissent que très pauvrement leur nid, alors il convient de compléter cette garniture. La couvée est de 4 à 8 œufs de 17 × 13 mm, que les deux parents couvent alternativement pendant 14 à 16 jours. Les jeunes sont nourris avec une préparation prédigérée que les parents dégurgitent de leur gésier. Les petits quittent le nid à 22 ou 24 jours. Les œufs ou les petits déjà éclos appartenant à des parents «mauvais nourriciers» seront confiés à des Dominos.

3 ♂

4 ♂

Le Diamant de Gould vit dans les régions tropicales de l'Australie, à l'exception de l'ouest de la péninsule d'York. Il habite la savane chaude et sèche, se construit un nid dans un trou d'arbre, une termitière abandonnée ou des creux d'anciens nids abandonnés. Il ne se construit lui-même que rarement un nid peu soigné, dans des broussailles ou des herbes hautes.

Le Diamant de Gould atteint 14 cm. La femelle est colorée comme son partenaire, mais toutes ses couleurs sont ternes, et ses plumes caudales centrales sont plus courtes. (2) Le plus bel oiseau est sans doute celui qui a la tête rouge (1).

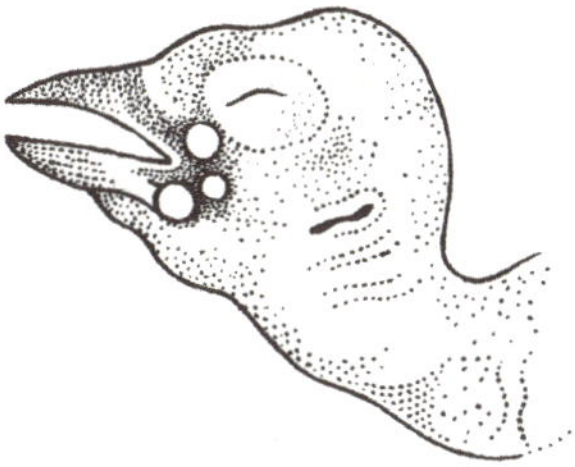

5

6

Dans la nature il y a cependant trois fois plus d'oiseaux à tête noure (3) qu'à tête rouge. Les plus rares sont les oiseaux à tête jaune (4), puisqu'il n'y a qu'un seul individu à tête jaune pour 5000 à tête noire ou à tête rouge. Les jeunes ont, dans les coins du bec, des excroissances blanches et deux papilles membraneuses bleues (5); leur gosier est également intéressant (6).

1 ♂

2 ♀

Diamant à gouttelettes
Emblema guttata

Astrildidés
Estrildidae

De couleurs élégantes, peu exigeant et endurant, cet oiseau est l'ornement de tout élevage. En Europe, on l'élève depuis la première moitié du XIXe siècle. Dans une grande volière, on peut en installer plusieurs couples ensemble, mais dans un espace réduit les oiseaux se dérangent mutuellement. Dans une volière de jardin on fixera, à diverses hauteurs, sur les parois ou dans les coins, des branches de pin, de sapin ou d'épicéa. Les oiseaux y installeront un grand nid sphérique. Pour les y aider, on leur fournira de fines brindilles de bouleau, des brins d'herbe, de paille, des fibres de sisal, des plumes, etc. Si les Diamants n'ont pas la possibilité de bâtir leur nid, ils adopteront facilement un nichoir également. La femelle pond 4 à 7 œufs blancs de 18 × 13 mm, les jeunes éclosent au bout de 14 à 15 jours, et 22 à 25 jours après ils quittent le nid. Les jeunes oiseaux acquièrent leur plumage d'adultes à l'âge de 4 à 6 mois. Certains couples ne nichent pas avec assiduité, dans ce cas on confiera les œufs à des dominos. On veillera cependant à ce que les petites couveuses n'élèvent pas plus de 2 ou 3 jeunes.

On alimente ces oiseaux avec du millet, du panic, de l'alpiste et de temps en temps on leur dispensera un peu de chènevis. On peut donner toutes ces graines également sous leur forme germée. En outre on offrira diverses verdures, surtout du mouron des oiseaux, de la bourse à pasteur, de la pâtée à l'œuf et, principalement au moment de l'élevage des petits, une alimentation animale : des insectes capturés au filet, des vers de farine et des œufs de fourmis. Les Diamants à gouttelettes doivent toujours disposer d'eau fraîche à boire. Ils boivent comme les pigeons : ils aspirent l'eau sans relever la tête.

Le Diamant à gouttelettes (1) atteint une longueur de 12 cm, mais semble plus puissant. On ne peut distinguer le sexe que d'après le chant du mâle, assez profond mais doux. Les jeunes oiseaux (2) sont brun-gris; chez eux le dessin sur la tête n'est qu'indiqué, leur bec est noir.

2

1

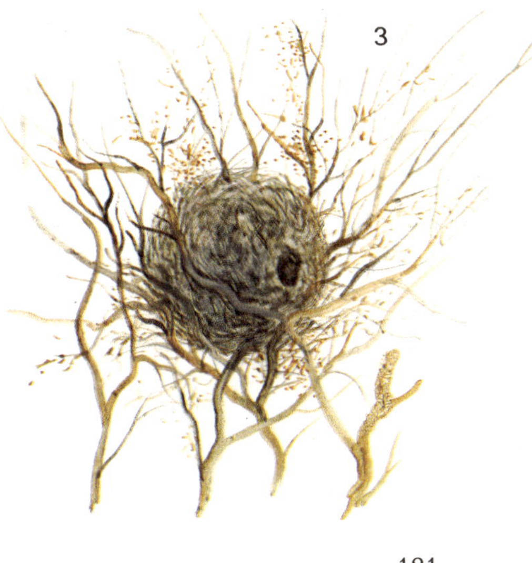

3

Ces oiseaux vivent dans le sud-est de l'Australie dans le bush et la steppe herbeuse où croissent de maigres arbres et arbustes. Ils bâtissent leurs nids sur des arbustes élevés ou sur des arbres; ce sont des nids tout couverts, de 24 à 30 cm de long sur 10 à 20 cm de haut et jusqu'à 17 cm de large (3). La garniture du creux du nid est faite de plumes. Le mâle, au cours de la pariade, saisit un long brin d'herbe dans son bec : il se rengorge, incline la tête vers le bas et de côté, tout en émettant une sorte de ronflement grave. Dans la nature, ces oiseaux nichent souvent deux fois l'an.

Diamant phaéton

Neochmia phaeton

Astrildidés

Estrildidae

Le Diamant phaéton est très beau et très élégant. Le mâle, d'un rouge lumineux, est vraiment resplendissant. Cette espèce se rencontre assez rarement dans le commerce. Récemment importé l'oiseau est fragile, il exige de la chaleur et des soins. Une fois habitué et acclimaté, il devient résistant et endurant. On en réussira l'élevage dans une volière de chambre garnie d'assez de petites plantes vertes en pots. Pendant l'été, on gardera le Diamant phaéton dans une grande volière de jardin bien plantée d'arbustes. Les volières vitrées sont excellentes. Dans des espaces réduits, les Diamants ne supportent pas d'autres espèces de leur genre. On nourrit ces oiseaux avec un mélange de millets divers, panic, mil du Sénégal et autres herbacées. On donne à manger des graines sèches et parfois aussi à moitié mûres. On y ajoute de la pâtée à l'œuf, des vers de farine et des œufs de fourmis. De petits insectes capturés dans les prés sont également indispensables même en dehors de la saison des nids. Le Diamant phaéton a besoin de beaucoup de calcium et de vitamines A, D_2, B et C.

En captivité, ce Diamant établira son nid dans les branchages ou dans un nichoir de 12 × 12 × 15 cm. Pour bâtir ce nid, l'oiseau doit avoir à sa disposition assez de foin, de feuilles sèches et de plumes. La couvée compte 5 à 8 œufs blancs de 14 × 12 mm. Pendant la journée les parents alternent; la nuit, la femelle, seule, couve. Les jeunes éclosent au bout de 16 jours d'incubation et ils quittent le nid à 21 jours. Après leur envol, ce sera le mâle seul qui continuera de les nourrir, car la femelle se met tout de suite à couver une autre ponte. Les jeunes ont leur plumage d'adultes à six mois.

2 ♀

Dans la nature, on rencontre le Diamant phaéton sous trois formes géographiques. La sous-espèce déterminée, *Neochmia phaeton phaeton,* vit au nord-ouest de l'Australie. Chez le mâle (1), on voit briller la tache rouge de loin. La femelle (2) n'a de rouge que la gorge et les côtés de la tête. La sous-espèce *N. p. iredalei* habite le nord-est du Queensland; la sous-espèce *N. p. albiventer* (3) apparaît dans la partie la plus septentrionale de la péninsule d'York et à la pointe sud de la Nouvelle-Guinée.

Le Diamant phaéton vit surtout en grandes bandes. Son biotope principal est un pays marécageux, mais il niche également en des endroits plus secs, souvent en bordure de plantations de canne à sucre. Il se bâtit un nid rond avec une entrée de 13 cm de long. Ce nid est souvent installé sur un pandanus, mais il peut tout aussi bien être accroché sous une gouttière, sur un poteau télégraphique, etc.

3 ♂

1 ♂

Astrild ondulée

Astrildidés

Bathilda ruficauda

Estrildidae

De très jolies couleurs, vive et peu exigeante, l'Astrild ondulée jouit d'une grande faveur actuellement. Elle est très tolérante envers tous les oiseaux qui vivent avec elle, s'habitue vite à un milieu nouveau et s'apprivoise rapidement. Son cri résonne comme «pslit ... pslit», son chant est un doux gazouillement. La nourriture de base de cet oiseau se compose de millet, panic, alpiste et mil du Sénégal en épis, le tout soit sec soit germé. On y ajoutera de la pâtée à l'œuf, de la verdure, des œufs de fourmis, des vers de farine et de petits insectes. L'oiseau a besoin de calcium en suffisance et de vitamine D. A l'époque du nourrissage des petits, il faudra augmenter la teneur en éléments d'origine animale dans l'alimentation.

On peut garder les Astrilds en cage ou en volière d'appartement et de jardin. En cage l'Astrild s'accommode d'un nichoir de 12 × 12 × 15 cm avec la moitié de la paroi antérieure ouverte. Dans une volière, l'oiseau se bâtit un nid rudimentaire dans les buissons, mais de préférence dans des roseaux qu'il faudra donc y planter. L'oiseau préfère comme matériau de construction de son nid de l'herbe fraîche, qui est plus solide. Le mâle, durant la pariade, tient un fétu dans son bec en exécutant sa danse nuptiale. Après l'accouplement, la femelle pond 3 à 6 petits œufs de 15 × 11 mm. Les parents partagent la couvaison durant 12 à 14 jours. Vingt jours après l'éclosion, les petits sortent du nid mais ils ont quelque peine à devenir indépendants, et les parents les nourrissent encore très longtemps. On peut aussi très bien élever de jeunes Astrilds grâce à une femelle de Domino, mais cela présentera ensuite quelques difficultés pour le nourrissage des jeunes après l'éclosion.

3

L'Astrild ondulée habite les régions nord et nord-ouest de l'Australie. On la rencontre dans les recrûs buissonneux, dans les hauts herbages et les roselières. Elle se nourrit principalement de semences d'herbe. A la saison des nids, les Astrilds vivent par couples, en dehors de cette saison elles se tiennent en petites bandes. Le nid qu'elles se bâtissent, surtout dans les herbes et les buissons, est rond ou en forme de bouteille avec une entrée latérale.

L'Astrild ondulée atteint jusqu'à 12 cm. Le mâle (1) a le corps jaune-brun olivâtre et un masque rouge sur la tête. La femelle (2) est presque du même coloris, mais l'importance de ce masque rouge sur la tête est moins grande que chez son compagnon, chez elle aussi le dessous du corps est plus clair et les taches blanches moins nettes. Le jeune oiseau (3) a la tête jaune gris, l'œil jaune-brun, le bec noir.

2 ♀

1 ♂

Diamant de Bichenow
Stizoptera bichenovii

Astrildidés
Estrildidae

Le Diamant de Bichenow a été importé en Europe pour la première fois en 1870. Bien soignée, cette Astrild élève assez facilement une progéniture et ce non seulement dans une volière de chambre ou de jardin, mais même dans une cage assez grande. On doit toutefois éviter une atmosphère froide et humide qui nuirait aux oiseaux : ceux-ci pourraient alors périr de catarrhe intestinal. Ils se portent le mieux dans une volière ensoleillée. On les nourrit de millet, panic, mil du Sénégal en épis. On donne ces graines à l'état sec ou germé. On y ajoute quotidiennement de la pâtée à l'œuf, de la verdure et de temps à autre des vers de farine, des œufs de fourmis et des insectes capturés au filet. A l'époque du nourrissage des petits, la nourriture d'origine animale devient la base de l'alimentation. On ajoutera en hiver des vitamines dans l'eau de boisson ou de la pâtée molle. Les oiseaux ont aussi besoin de calcium en suffisance. Le mâle fait entendre un long et sonore «tiaaat... tiaaat» et bref «tat... tat» nasal. Quand il est en période de pariade, il exécute des demi-cercles devant la femelle tout en chantant, et en restant sur le sol. C'est aussi là qu'a lieu l'accouplement. Le nid est établi soit dans un nichoir (dimensions 12 × 12 × 15 cm) soit, si les oiseaux en ont la possibilité, librement dans les branchages. La femelle pond 4 à 6 petits œufs blancs de 16 × 12 mm, les petits éclosent après 11 jours d'incubation. Ils quittent le nid à 22 ou 25 jours, et les parents les nourrissent encore pendant deux semaines. Après cela, ils se mettent à pourchasser leurs petits, et il faut donc les séparer. Les jeunes reçoivent leur plumage d'adultes, entre la sixième et la dixième semaine de leur vie.

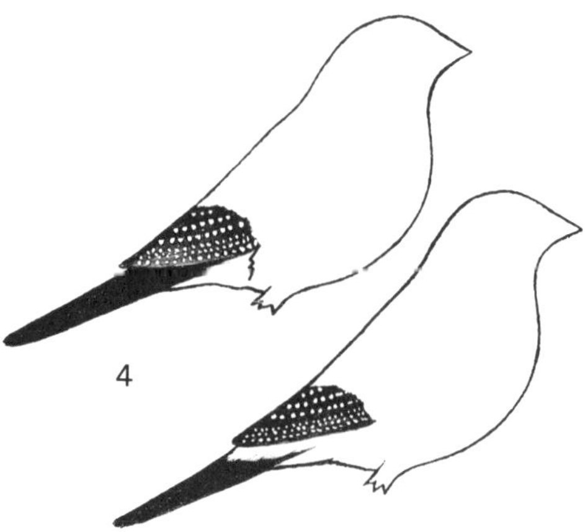

4

5

Le Diamant de Bichenow atteint une longueur de 11 cm (1). On le rencontre sous forme de deux sous-espèces en Australie du nord et de l'est. La sous-espèce, dénommée *Stizoptera bichenovii bichenovii* vit dans la partie orientale du continent. Le mâle (2) ne se différencie que très peu de la femelle (3). Cette dernière a régulièrement le dessous du corps d'un blanc pur et la bande qui lui traverse la poitrine est très étroite. La

deuxième sous-espèce *S. b. annulosa,* dont l'aire de répartition s'étend sur le nord-ouest du continent, a le croupion noir (4) ce qui la distingue de la forme dénommée, qui a le croupion blanc (5). Les oiseaux vivent en petits groupes dans la savane où croissent des buissons touffus et des arbres isolés. On en rencontre davantage à proximité de l'eau. Ces oiseaux restent volontiers au sol, où ils picorent des semences d'herbacées. Leur nid, de forme ronde, est établi au sol dans des herbages drus ou assez bas dans les buissons.

Diamant tacheté — Astrildidés
Taeniopygia guttata — *Estrildidae*

Le Diamant tacheté est l'un des favoris parmi les petits oiseaux chanteurs, c'est l'un des plus abondants dans les élevages, et aussi l'un des moins chers à acquérir. Il est résistant, il élève facilement des petits, on peut donc le recommander vivement aux éleveurs débutants. Il est toujours en mouvement : une volière lui conviendra donc mieux qu'une cage. Son alimentation ne pose pas de problèmes. La base en est du millet, panic, alpiste et mil du Sénégal en épis, tout cela soit en graines sèches ou germées. On suralimente avec de la pâtée à l'œuf, du mouron des oiseaux et autres verdures. De temps à autre on offrira des œufs de fourmis, des vers de farine, du biscuit et du pain blanc trempé dans du lait. Il est également important de donner assez de vitamines et de chaux. Ne pas oublier l'ensoleillement et de l'eau fraîche en permanence, pour la boisson et le bain. Dans une cage ou une volière de chambre, le Diamant tacheté niche pour ainsi dire en toute saison. Dans ce but, on mettra à sa disposition un nichoir avec une demi-paroi antérieure ouverte, et assez de matériaux de construction pour le nid. La femelle pond de 4 à 5 et parfois 8 petits œufs blancs avec une reflet vert, de 11 × 15 mm. L'incubation dure 11 jours. Les petits Diamants grandissent vite et, en moins de trois semaines, ils quittent le nid. Ils commencent à prendre leur couleur au bout de 5 à 6 semaines, et ont leur plumage d'adultes à l'âge de 2 mois. A ce moment, on sépare les mâles des femelles et on laisse les jeunes nicher quand ils ont atteint l'âge d'un an. Le Diamant convient très bien également pour élever des jeunes d'espèces plus rares d'Astrildidés. La voix du Diamant tacheté ressemble au bruit d'une trompette d'enfant, c'est un «tet» très court et ténu, qui se répète. Le chant proprement dit est une suite de trilles nasaux et rauques qui durent une ou deux secondes.

3

On connaît deux sous-espèces de Diamant tacheté. La forme déterminée, *Taeniopygia guttata guttata,* se rencontre sur l'archipel des petites îles de la Sonde, dans les îles Flores, Sumba, Timor et quelques autres plus petites. Le *T. g. castanotis* (1, 2) vit sur tout le territoire de l'Australie à l'exception du cap du sud-ouest, de la partie la plus septentrionale du Territoire du Nord, de la péninsule d'York et des régions côtières des Etats de Victoria et de la Nouvelle-Galles du Sud. Dans la nature australienne, le Diamant tacheté vit dans les paysages ouverts et secs où poussent des buissons et des arbres isolés. Le nid en forme de bouteille a une entrée latérale de 25 cm de long. Le mâle (1) se différencie par sa couleur de la femelle (2) qui est surtout grise. Le jeune oiseau (3) ressemble à la femelle, mais sa couleur est brun foncé et son bec est noir. Ces oiseaux atteignent une longueur de 10 cm. En 1921 on est parvenu à élever une mutation blanche (4) et dans les années suivantes quelques autres, par exemple la mutation argentée (5), la marbrée (6) et celle à poitrine noire (7).

2 ♀

1 ♂

Diamant à longue queue
Poephila acuticauda

Astrildidés
Estrildidae

Ce Diamant a été découvert et décrit par le peintre et ornithologue John Gould, dès l'année 1839. De nos jours on trouve régulièrement sur le marché des Diamants à longue queue provenant des élevages européens. Ils sont peu sensibles au froid, toutefois il faut leur faire passer l'hiver dans un endroit chauffé. Ils supportent bien la présence d'autres oiseaux de leur espèce, cependant il faut être prudent dans l'élevage en commun, et isoler les éventuels «trublions». On peut les installer en cage ou en volière. On les nourrit de millet, panic, alpiste et mil du Sénégal en épis. En saison, on leur donnera aussi des semences d'herbes à moitié mûres, du mouron des oiseaux, etc. Ils ont également besoin d'assez de chaux et de composantes animales dans leur alimentation, surtout à l'époque du nourrissage des petits. La voix du Diamant à longue queue est un long «thwirr» suivi d'un court «tet». Son chant est comme un sifflement de flûte et ensuite vient un gazouillis.

Ces oiseaux édifient volontiers leur nid dans un nichoir de 12 × 12 × 12 cm. Comme matériau de construction, on mettra à leur disposition du foin, des fibres de chanvre et de coco. Dans une volière, le Diamant niche parfois entre les branches des buissons. Le nid est complètement fermé, (dimensions : 20 cm de long, 13 cm de haut, 11 cm de large, entrée qui est un couloir latéral, sorte de tunnel, de 7,5 cm de long). La ponte réunit 4 à 6 petits œufs de 16 × 12 mm. En captivité, la plupart des couples couvent bien les œufs mais rares sont ceux qui mènent à bien l'élevage des petits. Dans ce cas, il faudra utiliser une méthode qui a fait ses preuves : confier les œufs ou les oisillons à des Dominos. Quand tout se déroule bien, les petits quittent le nid au bout de 21 jours. Jusqu'à ce qu'ils soient complètement garnis de plumes, ils sont assez sensibles aux changements de milieu ou aux dérangements de toutes sortes.

4

On connaît deux sous-espèces de Diamant à longue queue. C'est dans la partie nord-est du Territoire du Nord australien que vit la sous-espèce à bec rouge, *Poephila acuticauda hecki* (1). Dans la région occidentale de l'Australie du nord, on rencontre la sous-espèce à bec jaune, *P. a. acuticauda* (2.) Ces oiseaux atteignent une longueur de 15 cm. Le mâle ne se distingue presque pas de la femelle. Chez les oiseaux d'un an, la femelle (3) a le collier noir un peu plus petit que celui de son partenaire. Dans le bec des oisillons du Diamant à longue queue, on peut très bien voir les papilles réflexives (4).

Dans la nature, ces Diamants habitent la savane clairsemée d'eucalyptus au faîte desquels ils établissent leurs nids. Dans les endroits sans arbres, les oiseaux nichent dans les buissons ou les herbages. L'union des divers couples est très intéressante. Les deux oiseaux sont toujours serrés l'un près de l'autre, se lissant mutuellement les plumes et se suivant sans cesse.

2

3 ♀

1 ♂

Padda, ou **Calfat** — Astrildidés
Padda oryzivora — *Estrildidae*

C'est en 1790 que fut fait pour la première fois mention de cet oiseau qui jouit toujours d'une grande faveur. C'est l'une des espèces qui convient le mieux à l'élevage en cage, car elle élève bien ses petits, elle est résistante et peu exigeante. On nourrit le Padda de diverses espèces de millet, alpiste, avoine sans balle et, en saison, d'épis de froment vert. On donne ces graines à l'état sec ou germées. On y ajoute quotidiennement de la verdure et de temps à autre de la pâtée à l'œuf. Au moment du nourrissage des petits, on augmentera la quantité de pâtée et on y ajoutera des œufs de fourmis et des vers de farine. Ces oiseaux sont assez pacifiques, pourtant il ne faudra pas les laisser en cage en compagnie de petits oiseaux exotiques. Si les Paddas que l'on garde sont des oiseaux récemment importés, ils sont assez farouches pendant un assez long temps.

Le plus souvent le Padda s'installe dans un nichoir de 15 × 15 × 18 cm, avec une demi-paroi antérieure ouverte. Dans une volière, il se bâtit un grand nid rond assez mal fait dans les branchages accrochés à une paroi ou entre les arbustes. Comme matériau de construction, on mettra à la disposition des oiseaux des herbes fraîches, de la paille, du foin, de l'aubier, des fibres de noix de coco, etc. Le Padda utilisera ce qu'il trouvera à sa portée. La femelle pond 4 à 8 petits œufs, les petits éclosent en 13 ou 14 jours d'incubation; au bout de 4 semaines ils quittent le nid, et ils sont alors encore nourris par leurs parents pendant 14 jours. Dès qu'ils sont devenus indépendants, il faudra séparer les petits de leurs parents, car ceux-ci vont se mettre à les persécuter. Dans des conditions favorables, les jeunes oiseaux acquièrent leur complète coloration en 2 ou 3 mois.

Le Padda aime beaucoup se baigner, et il est sans cesse propre, avec des plumes bien lissées. En hiver, on le gardera dans un endroit légèrement chauffé.

3

Le Padda est originaire d'Indonésie où il vit de Sumatra, en passant par Java jusqu'aux Moluques. Il a été implanté artificiellement à Zanzibar ainsi que sur l'île de Sainte-Hélène. Des oiseaux d'élevage, qui se sont échappés, ont fourni la base d'une population en Afrique orientale, en Asie du sud-ouest, au Japon et dans l'archipel des îles Hawaii. Dans son habitat naturel, le Padda vit dans les steppes et surtout dans les régions agricoles où, en dehors de la saison des nids, il cause beaucoup de dommages surtout dans les champs de riz.

2 ♀

4

Le Padda atteint une longueur de 13,5 cm. Le mâle (1), simplement mais élégamment coloré, ne se distingue presque pas de la femelle. Cette dernière a la tête plus fine et le bec plus pâle (2). Le jeune oiseau (3) est gris sombre au-dessus, gris-jaune clair en dessous et il a le bec noir. Il y a quelques siècles, on élevait en Chine et au Japon une forme blanche aux yeux noirs (4) : elle s'est conservée jusqu'à nos jours.

1 ♂

Capucin châtain
Lonchura malacca

Astrildidés
Estrildidae

Le Capucin châtain est un oiseau régulièrement importé. Une fois acclimaté, il devient très résistant et tolérant. On peut aussi bien le garder en cage que dans une volière de chambre ou de jardin. Son chant est médiocre et peu audible. Pour la nourriture il n'est pas exigeant : on lui donnera du millet, du panic et de la pâtée à l'œuf, mais tous les oiseaux ne l'acceptent pas. Les Capucins aiment beaucoup toutes les graines peu mûres ou germées, et aussi le mouron des oiseaux et autres verdures. Certains couples ne nidifient pas bien. On doit évidemment s'attendre à un meilleur résultat pour la nidification en volière qu'en cage, surtout si la volière est assez grande, bien plantée de buissons, par exemple de roseaux, orobes et autres herbacées hautes. Dans un tel milieu, les deux oiseaux construisent un nid rond dans les touffes d'herbes, un nid fait de mauvaises herbes, chiendent, liber, fines racines, herbe, paille et aiguilles de pin. On placera ce matériau de construction dans la volière. Parfois le Capucin châtain accepte un nichoir de 12 × 12 × 15 cm avec une paroi antérieure à moitié ouverte. Le mâle, durant la pariade, poursuit la femelle, il sautille, plumes hérissées, baisse la tête et chante. La ponte est de 3 à 6 œufs, les jeunes éclosent au bout de 14 jours. Ils croissent vite, surtout si leurs parents disposent d'une alimentation variée. La plupart de ces oiseaux ne sont pas trop dérangés par un contrôle du nid. Au bout de 3 semaines, les petits quittent le nid et ils sont complètement indépendants deux semaines plus tard. Ils ont toute leur garniture de plumes, vers l'âge de six mois. Avec une femelle de Domino, on a obtenu des croisements de Diamant tacheté et autres Capucins.

2

Le Capucin châtain se trouve en quelque neuf sous-espèces en Inde antérieure et postérieure, au sud de la Chine, dans les îles de la Sonde, aux Philippines et en Indonésie. Il vit dans les roselières et les hauts herbages. Dans les régions agricoles, ces oiseaux se concentrent dans les rizières et sur les plantations de canne à sucre. Leur nid est rond ou en forme de bouteille (3), les oiseaux l'installent sur des arbres ou arbustes de différentes hauteurs. Même

1

3

devenus indépendants, les jeunes restent en grandes bandes avec les parents. Localement, certains Capucins demeurent aussi en grandes bandes en dehors de la saison des nids.

Le Capucin châtain atteint une taille de 11 à 12 cm. La sous-espèce la plus souvent importée est *Lonchura malacca malacca* (1). Le mâle et la femelle ne se distinguent point l'un de l'autre. Le dos (2) du Capucin châtain est brun.

Damier Astrildidés
Lonchura punctulata *Estrildidae*

On le trouve toujours en quantité suffisante sur le marché : il est calme, il supporte bien les oiseaux qui cohabitent avec lui, et il est très résistant s'il a été bien acclimaté. On le nourrit de diverses sortes de millet, alpiste, panic. On donne ces graines sèches ou germées. Un jour sur deux, on offrira aussi de la pâtée à l'œuf, toutes sortes de verdures, des œufs de fourmis et des vers de farine. Au moment du nourrissage des petits, on augmentera la teneur en éléments d'origine animale dans l'alimentation.

On gardera le Damier aussi bien en cage que dans une volière. Dans le passé, il était exceptionnel de réussir à élever cet oiseau. De nos jours, il existe en Europe des spécimens assez forts qui se reproduisent en captivité. Dans une volière bien plantée, le Damier se bâtira un nid dans les branchages, mais il acceptera également un nichoir. La femelle pond 4 à 7 œufs blancs de 17 × 12 mm, les deux parents alternent pour la couvaison qui dure 13 jours. A la naissance, les petits portent un dessin en fer à cheval sur la partie supérieure de leur bec. Au bout de 3 semaines, ils quittent le nid. Ils sont brun foncé et plus clairs par en dessous. A six mois, ils ont complètement acquis leur plumage d'adultes s'ils bénéficient de bonnes conditions de chaleur, quantité de lumière, humidité de l'air et composition de leur alimentation. Certains éleveurs utilisent le Damier en tant qu'«éducateur» d'autres espèces d'Amadines plus rares, même si le couple de Damiers n'a pas encore lui-même nidifié. En général il s'occupera très bien des petits d'autres oiseaux. On en a obtenu des croisements avec quelques autres espèces d'Astrildidés, mais le plus souvent avec des Dominos.

2

Le Damier habite l'Inde antérieure et postérieure, le sud de la Chine, la presqu'île de Malaisie et a été introduit avec succès en trois points de la côte orientale de l'Australie. Le Damier vit en paysages ouverts, dans la savane et se tient aussi à proximité des habitations humaines. On le trouve dans les plaines mais aussi dans les montagnes jusqu'à une altitude de 2000 m.

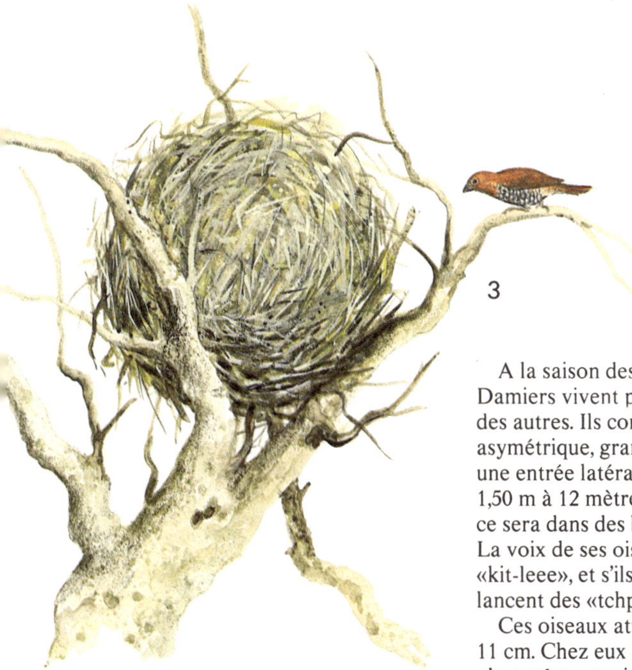

3

A la saison des nids, les Damiers vivent par couples séparés des autres. Ils construisent un nid asymétrique, grand, tout rond, fruste, avec une entrée latérale (3), à une hauteur de 1,50 m à 12 mètres, mais le plus souvent ce sera dans des broussailles épineuses. La voix de ses oiseaux résonne comme «kit-leee», et s'ils sont effarouchés ils lancent des «tchp» d'avertissement.

Ces oiseaux atteignent une longueur de 11 cm. Chez eux le dimorphisme sexuel n'est même pas indiqué (1). Quand l'oiseau vole, on peut bien remarquer les cercles brun foncé qu'il porte sur le ventre (2).

1

Domino
Lonchura domestica

Astrildidés
Estrildidae

Le Domino rend des services inestimables aux éleveurs d'oiseaux. C'est à lui que l'on confie les œufs ou les petits d'autres espèces d'Astrilds plus rares mais qui nidifient mal. Le Domino les élèvera parfaitement. Comme il est peu exigeant, il convient fort bien aux débutants. Le Domino s'entend bien avec tous les petits oiseaux, mais comme le moindre agresseur peut lui faire perdre la tête, il vaut mieux le garder isolément. On le placera en cage plutôt que dans une volière, même si la volière peut aussi lui convenir. On lui fera passer l'hiver en un endroit à l'abri de la gelée. Comme nourriture, il suffit au Domino d'un mélange de diverses variétés de millet, d'un peu d'alpiste, de temps à autre de mélange à l'œuf, de biscotte, de verdure et de fruits. Le Domino nidifie le plus volontiers dans un nichoir avec une paroi antérieure mi-ouverte, de dimensions 12 × 12 × 12 cm environ. Pour garnir son nid, on mettra à sa disposition du foin et autres matières semblables. La femelle pond 3 à 8 petits œufs que les deux parents couvent alternativement pendant le jour et ensemble la nuit. Dès le douzième jour, les petits éclosent et ils quittent le nichoir à 21 jours. Les parents continuent encore à les nourrir pendant 8 à 12 jours. Il faut placer ailleurs les oisillons dès qu'ils sont devenus indépendants, car ils dormiraient, la nuit, dans le nichoir avec leurs parents qu'ils dérangeraient pour une nouvelle nidification. C'est pourquoi il vaut mieux garder les Dominos dans une cage par couples séparés, sinon, étant si sociables, ils dormiraient tous ensemble dans un seul nichoir. Comme les jeunes Dominos deviennent vite mûrs sexuellement, il faut toutefois éviter de les utiliser pour la couvaison avant qu'ils aient atteint l'âge de 8 mois. De même, on ne permettra à un couple de ne nicher que 3 fois par an. Ces oiseaux aiment beaucoup se baigner.

2

Il y a déjà plusieurs siècles que le Domino a été sélectionné au Japon, par le croisement de quelques espèces de *Lonchura* apparentées. On croit que les espèces d'origine de ces croisements pour obtenir le Domino ont été la Munie striée *(Lonchura striata)*, la *Lonchura acuticaudata* et le Bec-de-corail *(Euodice malabarica)*. On reconnaît le mâle, chez le Domino, d'après son chant assez inexpressif. Quand il chante, l'oiseau tend le cou et la tête. La coloration des Dominos est très variable. A l'origine, il n'en existait que des brun foncé (1) et des

tachetés de brun clair. A l'époque actuelle, il existe toute une série de mutations sélectionnées comme par exemple une de ton brun foncé au ventre blanc (2), une jaune (3), une blanche (4) et une rousse (5).

Bec d'argent
Euodice cantans

Astrildidés
Estrildidae

Depuis qu'en 1776 le Bec d'argent ait été importé pour la première fois en Europe, il se trouve régulièrement en grandes quantités sur le marché. Il est très résistant, endurant, et le plus souvent tolérant, si bien qu'il convient parfaitement aux éleveurs débutants. Le mâle du Bec d'argent fait sans cesse entendre un chant assez court mais très agréable. On peut garder cet oiseau dans n'importe quelle installation, mais en été il sera mieux dans une volière extérieure. Des oiseaux bien acclimatés pourront être gardés tout l'hiver à une température de 10° C environ. On les alimente de millet, d'alpiste, de mouron des oiseaux et de mélange à l'œuf. Ces oiseaux nidifient soit dans un nichoir soit dans un petit panier. Le mâle exécute sa danse nuptiale en tenant un fétu dans son bec. La femelle pond 3 à 6 œufs qu'elle couve de 11 à 12 jours. A l'éclosion, les petits ont une peau gris-violacé, et ils sont tout nus. A ce moment, il faudra donner une alimentation animale aux Becs d'argent. S'ils sont bien alimentés, les petits quittent le nid au bout de 3 semaines. En 5 à 8 semaines, les jeunes acquièrent leur plumage. On reconnaît le jeune mâle à son chant peu plaisant. Le Bec d'argent nidifie facilement, mais il ne réussit pas toujours à élever ses petits : cela dépend toujours du bon accouplement et de bonnes conditions de vie des oiseaux. Un bon couple peut élever dans des conditions excellentes jusqu'à 25 jeunes par an. Certains couples ne supportent pas un contrôle du nid, ils sont craintifs de nature et peuvent quitter alors le nid. On obtiendra assez facilement des croisements du Bec d'argent avec quelques espèces d'Astrildidés comme le Domino entre autres et les Amadines.

2

Le Bec d'argent se rencontre en Afrique du Nord, du Sénégal à la mer Rouge, plus loin en Afrique Orientale et vers le sud jusqu'en Tanzanie centrale. Il vit également au sud-ouest de l'Arabie. Dans la nature, il se tient dans les endroits secs. A la saison des nids, les Becs d'argent vivent par couples et restent à proximité des lieux d'habitation. Ils établissent leurs nids dans des buissons épineux et, dans certaines régions, ils réemploient des nids de tisserins abandonnés. Le Bec d'argent peut atteindre 11 cm. Le mâle (1) ne se différencie pas de la femelle. Les jeunes oiseaux sont unicolores, gris-brun foncé avec le dessous du corps plus clair et le bec noir.

Cette espèce ressemble fort au Bec d'argent de Malaber *(Euodice malabarica)* (2) qui toutefois a le croupion et les plumes sus-caudales blancs et vit dans l'Inde antérieure et dans les régions environnantes.

Merle shama Turdidés
Copsychus malabaricus *Turdidae*

Le Merle shama est l'un des meilleurs oiseaux chanteurs du monde. Son chant est peut-être plus varié encore que celui du Rossignol philomèle *(Luscinia megarhychos).* Chaque Merle shama chante différemment, il a son propre «registre». Son chant est pur, très puissant, si bien que parfois l'on préfère l'écouter depuis une pièce voisine, la porte fermée. Toutefois certains Merles shamas sont des chanteurs médiocres. Si l'on n'en garde qu'un mâle, il faudra le placer dans une cage spacieuse, car ses plumes caudales sont longues, jusqu'à 16 cm.

On nourrit le Merle shama de pâtée pour grives à laquelle on ajoute de grands insectes et de temps à autre, des vers de farine. Si l'on en possède un couple, on le gardera assez facilement dans une volière spacieuse de chambre ou de jardin. On ne peut toutefois garder auprès d'eux de petits Astrildidés, car les Shamas pourraient aller jusqu'à les tuer. Un couple de Shamas établira régulièrement son nid dans un nichoir de 20 × 20 × 15 cm, à moitié ouvert par devant. La femelle pond 2 à 6 œufs, les petits éclosent au bout de 13 jours. Après l'éclosion, c'est d'abord la femelle seule qui nourrit les petits, puis au cinquième jour le mâle se joint à elle pour ce nourrissage. Les parents ont alors besoin d'une grande quantité d'insectes. Dès le quatorzième jour après leur naissance les petits quittent le nid, mais les parents continuent à les nourrir encore pendant près de trois semaines. Les jeunes mâles commencent à chanter dès l'âge de six semaines. Bien soignés, les Merles shamas peuvent vivre jusqu'à 15 ou même 20 ans.

2 ♀

L'aire de distribution du Merle shama s'étend de l'Inde antérieure vers l'Indochine, l'archipel des Moluques, les îles de Java et Bornéo où il habite les forets denses et les forêts vierges. L'oiseau est assez farouche. Il atteint une longueur de 28 cm. Le mâle (1) est d'un noir bleu sur le dessus, avec un reflet d'acier, le dessous est brun châtain, le croupion blanc. La femelle (2) a le dessus du corps d'un brun olivâtre et le dessous d'un brun fauve. Le syrinx (appareil du chant) est très bien développé chez le mâle. Sur le dessin n° 3, l'on voit l'ossature cartilagineuse de l'instrument du chant avec un «petit tambour» dans la partie supérieure et les cartilages bronchiaux dans la large partie centrale. Dans la

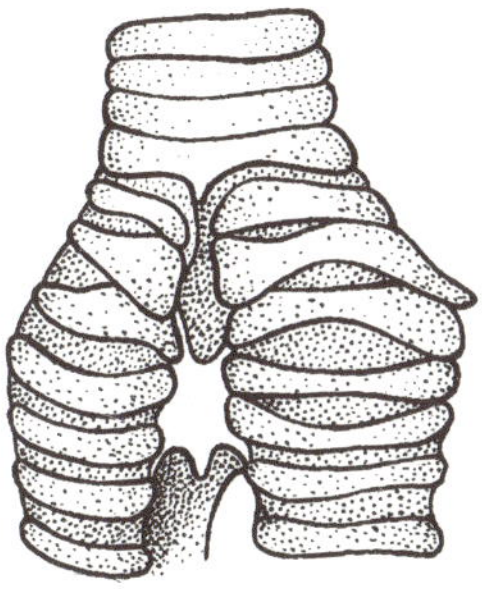
3

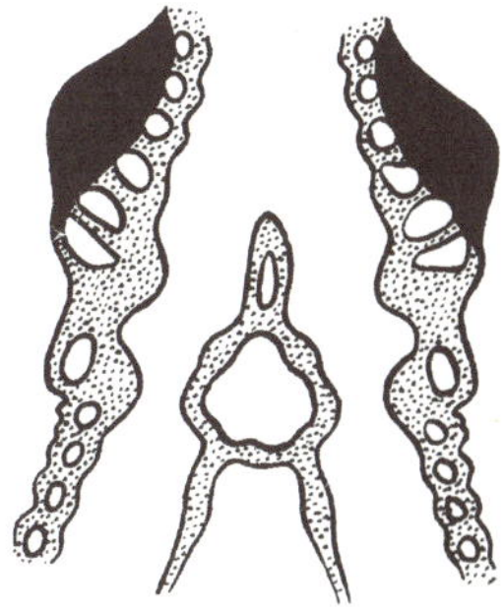
4

coupe longitudinale de l'organe du chant sont représentés en sombre les muscles de l'instrument du chant, en dessous on voit la trachée cartilagineuse, et au centre le chevalet, le diaphragme en forme de demi-lune et la peau de tambour à l'intérieur (4).

1 ♂

Spréo superbe | Sturnidés
Spreo superbus | *Sturnidae*

Le Spréo superbe est un oiseau étincelant, chatoyant, que l'on gardera dans une grande cage ou, mieux, dans une volière. S'il est bien soigné, il pourra vivre de 15 à 20 ans, et l'on cite des cas de longévité de 30 ans.

On lui donne à manger de la pâtée pour grives à quoi l'on ajoutera quotidiennement quelques vers de farine ou d'autres insectes ainsi que quelques fruits. Pour la suralimentation d'hiver, on récoltera des sorbes et des baies de sureau. En hiver, on ajoutera à l'alimentation du Spréo superbe des raisins secs, du tournesol, des noisettes écrasées et du chènevis broyé. En supplément, on mettra encore du millet, de la navette, de l'avoine décortiquée et de l'alpiste. Comme boisson on lui offrira du jus de fruit dans de l'eau ou du miel dissous également dans de l'eau. Le Spréo aime beaucoup se baigner, il faut donc mettre à sa disposition une grande bassine avec de l'eau que l'on changera, au besoin, plusieurs fois par jour. L'oiseau passera l'hiver à une température de 15 à 20° C en un endroit chauffé. Un oiseau élevé seul s'apprivoisera facilement et viendra chercher sa nourriture dans la main de son éleveur.

C'est dans une grande volière de jardin que le Spréo sera le mieux. Il ne se cache pas dans les buissons, mais vole tranquillement d'une branche à l'autre vers l'avant de la volière. Pour nicher, on lui donnera un tronc creux ou un nichoir en planches de 20 × 20 × 35 cm. Dans les creux du nid, le Spréo entasse de nombreux matériaux de construction, et le support des œufs est fait de plumes. La femelle pond de 2 à 4 œufs qu'elle couve pendant 13 à 15 jours. Une fois éclos, les jeunes restent au nid quelque 3 semaines, et après avoir quitté le nid les parents les nourrissent encore pendant 14 jours. Ils consomment une grande quantité d'insectes.

2

L'Afrique orientale est la patrie du Spréo superbe. On le rencontre en Ethiopie, au Kenya et en Tanzanie. Il vit dans les bois, aux alentours des lacs et le long des cours d'eau. Il aime beaucoup l'eau, se baigne souvent et se mouille toutes les plumes. Il niche dans les creux d'arbres (2), souvent en petites colonies. Le creux du nid est fait d'herbes et divers matériaux végétaux. A l'encontre des autres oiseaux passereaux, ils sont assez agressifs. Après la saison des nids, ils forment de grandes bandes.

Le Spréo superbe atteint 21 cm de longueur. Les deux sexes ont le même coloris (1). Leur beauté resplendit surtout au soleil, où leurs plumes brillent de façon éblouissante.

Mainate religieux Sturnidés
Gracula religiosa *Sturnidae*

A côté du perroquet, le Mainate est le meilleur imitateur de la voix humaine. Tous les Mainates ne sont pas également doués pour parler. Cela dépend beaucoup de l'âge de l'oiseau, s'il est jeune ou plus vieux : le meilleur parleur sera un oiseau d'élevage. Un oiseau doué arrive même à imiter le son de la voix, l'accent de son maître, et il apprendra aussi à siffler des airs et à reproduire toutes sortes de bruits qu'il entend autour de lui. Même un oiseau récemment importé, s'il a des rapports quotidiens avec son éleveur, s'apprivoisera vite et on pourra lui permettre d'évoluer librement dans l'appartement. S'il est bien nourri, le plumage du Mainate religieux aura un beau reflet métallique, et l'oiseau pourra vivre en captivité plus de 20 ans. On le nourrit de pâtée pour grives, à quoi on ajoute du mouron des oiseaux ou toute autre verdure. De temps en temps on lui donnera quelques gros insectes tels que grillons, sauterelles et des vers de farine, etc. Il ne faut pas oublier les fruits ni du biscuit trempé dans du lait. Il faut offrir à ces oiseaux assez de soleil et la possibilité d'un bain quotidien. En hiver, on les tiendra dans un endroit très légèrement chauffé. Pour un seul oiseau, la cage doit avoir au moins 100 × 60 × 60 cm. Sur le fond de cette cage on étalera des journaux ou de la tourbe que l'on changera tous les jours, car les fientes sont très liquides. En été, on peut garder un couple de Mainates dans une volière, au jardin. Dans la nature ou dans une caisse-nichoir le couple s'installera un nid fait de divers matériaux. La femelle pond 2 ou 3 œufs qu'elle couve pendant 12 à 14 jours.

5

Le Mainate religieux est répandu en huit sous-espèces de l'Inde à la Malaisie. Les sous-espèces se distinguent les unes des autres par la grosseur et l'étendue des caroncules occipitales jaunes dont s'ornent leurs têtes. La sous-espèce déterminée *Gracula religiosa religiosa* (1) vit à Bornéo, la sous-espèce *G. r. indica* (2) habite Sri Lanka (Ceylan); la sous-espèce *G. r. peninsularis* (3) se rencontre dans toute l'Asie; la *G. r. intermedia* (4) vit en Inde orientale et dans la presqu'île de Malaisie. D'autres sous-espèces sont originaires des Philippines, de Sumatra et Java, des îles Andaman et de Ceylan. Ces oiseaux atteignent 20 à 30 cm, selon la sous-espèce.

2

3

4

Dans la nature, ils se tiennent surtout à la cime des arbres où ils se nourrissent de fruits et d'insectes. Ils nichent dans les trous d'arbres, de février à mai. Les œufs (5) sont d'un vert pâle tacheté, et mesurent 26 × 36 mm. Les plumes des jeunes oiseaux sont sans reflet brillant, et les caroncules sont blanc grisâtre.

Caractéristiques des divers groupes d'oiseaux

Pour permettre de connaître d'un peu plus près les ordres et familles des oiseaux dont des représentants apparaissent dans ce livre, nous indiquons ici brièvement leurs principales caractéristiques, biologiques et éthologiques. Tout éleveur doit également bien connaître les différentes parties du corps de l'oiseau (5). Ces connaissances lui sont nécessaires pour comprendre la littérature spécialisée, la description des oiseaux et éventuellement l'apparition de maladies, etc.

Ordre : *Galliformes*

Dans ce livre nous présentons, parmi les Galliformes, la Caille *Coturnix chinensis*, le Colin ou Caille de Californie *(Lophortyx californica)*, des paons et des faisans. Tous ces oiseaux appartiennent à la famille des Phasianidés *(Phasianidae)*. Le caractère commun à tous les oiseaux appartenant à cet ordre est un bec court et fort et des pattes fortement «gratteuses». Les plus grands Gallinacés du monde sont : le Dindon sauvage d'Amérique centrale *(Meleagris gallopavo)* et le Grand Tétras ou Grand Coq de bruyère *(Tetrao urogallus)*, le plus petit des Galliformes étant la Caille chinoise *(Coturnix chinensis)*. Les Galliformes nichent toujours au sol, ils pondent un grand nombre d'œufs et leur nid est admirablement caché et camouflé. Les jeunes sont couverts de duvet dès l'éclosion, ils voient clair et courent aussitôt. Tous les Galliformes sont capables de se nourrir tout seuls dès la naissance. Ce sont des oiseaux nidifuges. Leur mère ne fait que les mener à la recherche de la nourriture. Chez la plupart des Gallinacés est développé un net dimorphisme sexuel, une grande différence d'aspect entre le mâle et la femelle. Souvent le mâle est plus nettement coloré et bariolé que la femelle. En outre, il est muni d'éperons, à la patte, vers l'arrière. Les Gallinacés se déplacent surtout au sol, et ce, très vite et adroitement. Ils ne volent pas volontiers, et pourtant il y a parmi eux des oiseaux migrateurs, par exemple la Caille des blés *(Coturnix coturnix)*. Certaines espèces perchent, pour la nuit, au faîte des arbres ou en un endroit surélevé. Leurs capacités mentales sont très faibles, et parmi tous les oiseaux ce sont les Gallinacés dont le cerveau a le plus petit lobe frontal. Les Gallinacés ne se baignent point, ils se débarrassent de la saleté en se vautrant dans la cendre. Les jeunes s'alimentent en général d'une nourriture animale, les adultes mangent surtout des graines et des baies. Les ornithologues reconnaissent quelque 260 espèces de cet ordre.

Au centre de l'intérêt des éleveurs, sans doute faut-il placer au premier plan le Faisan, oiseau dont le coq est l'un des plus beaux oiseaux du globe terrestre. Certaines femelles de Gallinacés ne couvent pas volontiers, alors un incubateur électrique mènera leurs œufs à éclosion. Une fois éclos, on placera les poussins dans une couveuse artificielle (6). La source de chaleur de cette couveuse sera une ampoule à incandescence ou mieux un radiateur non éclairant. Pour les dix premiers jours, on règlera la tempétature à environ 35° C sous la source de chaleur. A l'âge de 2 à 3 semaines les poussins n'iront sous cette source de chaleur que pour dormir, et petit à petit ils cesseront de la rechercher.

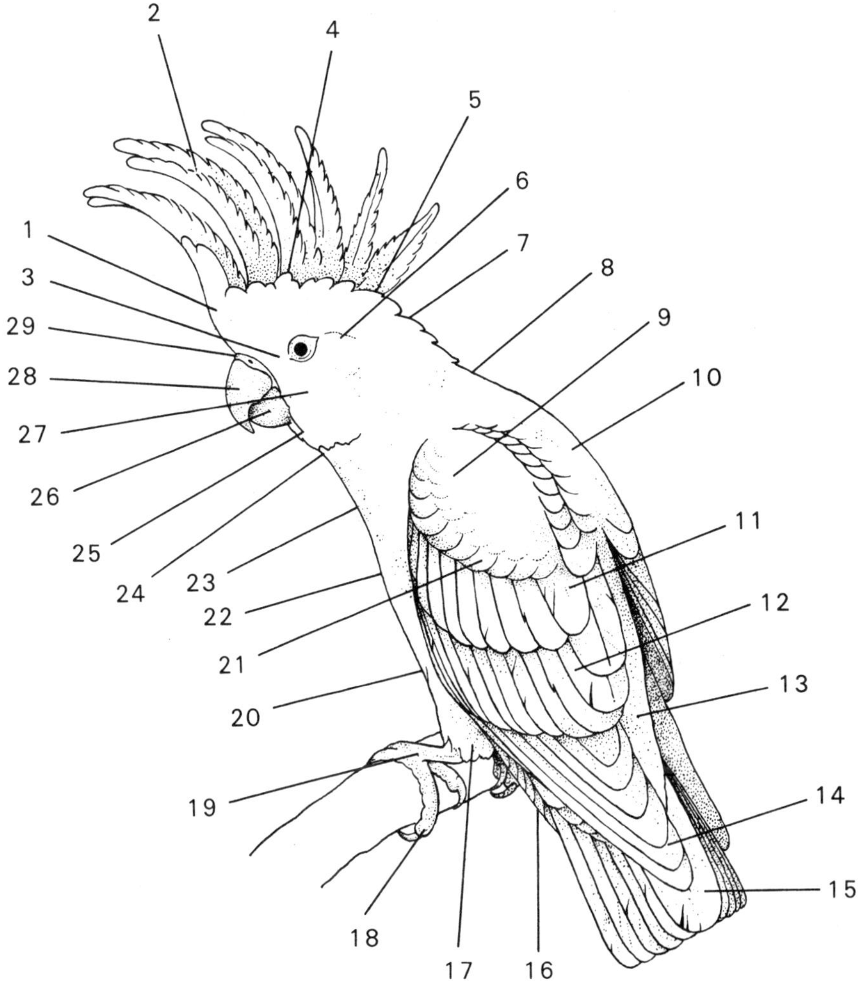

5. Description du corps de l'oiseau : 1 — front, 2 — huppe, 3 — lorum, 4 — vertex, 5 — occiput, 6 — région auriculaire, 7 — nuque, 8 — chignon, 9 — aile, 10 — dos, 11 — grandes couvertures, 12 — rémiges secondaires, 13 — croupion, 14 — rémiges primaires, 15 — sus-caudales, 16 — sous-caudales, 17 — plumes de la patte, 18 — doigts, 19 — pied, 20 — ventre, 21 — petites couvertures, 22 — poitrine, 23 — jabot, 24 — gorge, 25 — menton, 26 — mandibule inférieure, 27 — joues, 28 — mandibule supérieure, 29 — cire.

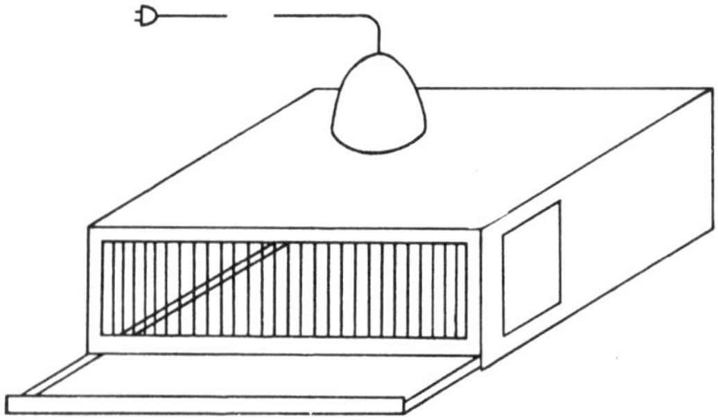

6. Couveuse artificielle.

Ordre : *Colombiformes*

Les Colombiformes sont habituellement des oiseaux de taille moyenne. Leur bec n'est pas grand, il est mou à la base, légèrement recourbé et les narines placées dans la cire. La tête est petite, le corps court mais fort, surtout la poitrine. Les doigts sont longs, avec de courtes griffes. Ils sont dépourvus de duvet. Chez ces oiseaux, le dimorphisme sexuel n'est pas développé. Ils sont bons voiliers, très endurants. Les Colombiformes comprennent en tout trois familles. L'une de ces familles, les Gangas *(Ptéroclididés)* ne compte que 16 espèces. Une deuxième famille, celle des Raphidés *(Raphidae)* appartient maintenant au passé. Ses représentants, le Dronte ou Dodo, ont été exterminés par l'homme à l'époque historique. Le groupe le plus important, le plus nombreux et le plus significatif des Colombiformes est celui des Colombidés *(Columbidae).*

Les Pigeons se bâtissent un nid assez fruste de branchettes sur les arbres, parfois dans des trous, et très rarement au sol. Au moment des amours, le mâle exécute devant la femelle une danse nuptiale, et certaines espèces exécutent un vol nuptial. La femelle pond habituellement deux œufs, mais elle peut avoir des petits de deux à quatre fois par an. Les Pigeons sont de typiques oiseaux nidicoles. Les jeunes naissent aveugles, couverts de duvet, et les parents les nourrissent d'un lait fourni par le jabot. Le plupart des espèces de Pigeons nichent en petites colonies. Ils volent toujours en bandes. Ils se nourrissent presque exclusivement de végétaux, graines et fruits.

On peut garder de petits Colombidés en compagnie de petits oiseaux chanteurs, les plus grandes espèces resteront en compagnie des perroquets ou des faisans. Les œufs de certaines espèces qui nichent difficilement seront mis à couver sous une femelle d'une autre espèce meilleure nicheuse. Chez les petits Colombidés, ce sont par exemple la Tourterelle diamant chez les grandes espèces; chez les petites espèces, la Tourterelle rieuse. Les Colombes et les Tourterelles jouissent d'une grande faveur auprès des éleveurs, car ce sont des oiseaux peu exigeants, résistants; ils nichent facilement et sont très intéressants à observer.

Ordre : *Trochiliformes*

Cet ordre comprend une seule famille, mais très nombreuse, celle des Colibris (Trochilidés — *Trochilidae*). Les Trochilidés se distinguent des autres ordres d'oiseaux surtout par la structure spéciale des os de leurs ailes. Ils ont les os de l'épaule très courts, ceux du bras plus longs et ceux de l'avant-bras plus longs encore. Les plus petits Colibris, le *Chaetocercus bombus* et *Mellisuga helenae* ne pèsent qu'environ 1,9 g, le plus grand est le Grand Colibri *(Patagona gigas)* et il atteint la taille d'une hirondelle.

Les Colibris ont de magnifiques couleurs brillantes et chatoyantes. Cette coloration n'est pas due à des matières colorantes dans les plumes, mais à un phénomène d'interférence. En réalité, les Colibris n'ont, dans leurs plumes, qu'un colorant noir. Mais, au-dessus de ce colorant il y a une couche de cellules incolores, prismatiques, agencées de façon à décomposer et refléter la lumière. Dans les mouvements de l'oiseau la position des cellules varie, les rayons du soleil viennent s'y briser et les plumes resplendissent de toutes les couleurs.

Le vol du Colibri est littéralement fantastique. Chacune de ses ailes décrit des huit couchés, et frémit si vite que l'œil ne peut le saisir. Les Colibris peuvent faire du vol sur place, aspirer le nectar des fleurs tout en agitant les ailes à une vitesse de 54 battements à la seconde. En vol normal, ils battent des ailes 75 fois à la seconde, atteignant une vitesse de 80 km à l'heure. En vol nuptial ou en vol piqué, ils battent jusqu'à 200 fois à la seconde. Un tel exploit exige une grande consommation d'énergie. De tous les êtres vivants ce sont les Colibris qui déploient le plus d'énergie par unité de masse. Une aussi énorme dépense d'énergie exige un apport en joules qui n'a nulle part son pareil. La plupart des Colibris consomment par jour trois fois leur propre poids en nourriture. Leur cœur occupe 22% de l'ensemble de leur masse corporelle, et bat jusqu'à 615 fois à la minute. La nuit, ils tombent probablement dans une sorte d'état léthargique où s'abaisse très fort leur température et leur métabolisme, ce qui leur permet de résister au froid de la nuit et à la faim. Les Colibris se nourrissent du nectar des fleurs et d'insectes. Chaque espèce dépend de certaines fleurs, c'est pourquoi les différents Colibris ont également des becs différents. Certains ont le bec court, d'autres long, recourbé vers le bas ou vers le haut. Dans le bec, il y a une longue langue en tube, fortement extensible, qui exerce la même fonction que la trompe des papil-

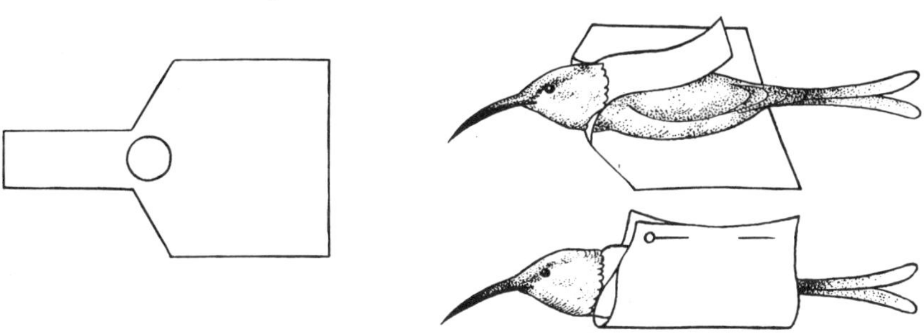

7. Façon de protéger les colibris pour le transport.

lons. Les Colibris ont les pattes courtes et faibles, ils sont incapables de courir sur le sol. Ils bâtissent un nid avec de très fines fibres végétales, et ils l'enrobent dans de la mousse ou du lichen. Le nid est en forme de coupe, et sa taille va de celle d'une noix à celle d'une noix de coco. La femelle ne pond qu'un ou deux œufs blancs, qui, sont très gros, par rapport à la taille de l'oiseau semblent extraordinairement gros.

Au cours de ces dernières années, les importations de Colibris en Europe ont été beaucoup plus fréquentes, d'une part grâce à la rapidité du transport aérien, d'autre part grâce à un tout nouveau mode de transport. On ne les transporte plus librement dans les caissettes, où ils subissaient de grandes pertes, mais chaque oiseau est individuellement logé dans une espèce de manteau de flanelle (7). La caisse pour le transport est divisée en minicellules de 2,5 × 2,5 × 10 cm, dans chacune d'elles un oiseau étant couché, la tête légèrement dirigée vers le haut. En route, les oiseaux sont nourris le plus souvent possible avec une seringue à laquelle est emmanché un petit tube de verre de 5 mm de diamètre. Les oiseaux acceptent volontiers la nourriture prodiguée par ce système et résistent au voyage sans dommage.

Ordre : *Piciformes*

Tous les oiseaux de cet ordre ont les pattes de type zygodactyle, avec deux doigts dirigés vers l'avant, deux vers l'arrière. Les Piciformes nichent dans les creux d'arbres ou dans des terriers, leurs œufs sont d'un blanc pur et régulièrement ronds. Les jeunes naissent tout nus, sans duvet dont les adultes sont également dépourvus.

Du point de vue de l'élevage, la plus importante des familles de cet ordre est celle des Toucans *(Ramphastidae)*. Les Toucans ont un bec d'une forme très caractéristique et fortement coloré. La couleur du bec est assez variable chez les diverses espèces et change nettement avec l'âge et les saisons. Les bords du bec, dentés en scie, servent à maintenir parfaitement les fruits mous dont les Toucans se nourrissent. A la saison des amours, le bec est un important instrument de signalisation et sans doute est-il un amplificateur de son. La langue est longue, étroite, avec des papilles filiformes dirigées vers l'avant. Sur les pattes, les Toucans ont des lamelles de protection seulement au-dessus et en dessous, si bien que les côtés ne sont pas protégés. Les jeunes ont, sur les pattes, des excroissances calleuses qui disparaissent plus tard.

A la saison des nids, les Toucans vivent par couples. Le nid, dont le creux n'est pas du tout garni, est placé sur un arbre, souvent jusqu'à une trentaine de mètres de hauteur. Les jeunes quittent le nid avant d'être complètement emplumés. Dans la nature, les Toucans se nourrissent de divers fruits charnus, d'insectes et de petits vertébrés. En captivité, les Toucans sont de charmants petits sujets qui vivent très longtemps s'ils sont bien soignés et que l'on peut aisément apprivoiser de la même façon que les perroquets. Il, en existe une soixantaine d'espèces.

Ordre : *Psittaciformes*

Quelque 333 espèces de Perroquets habitent les régions tropicales et subtropicales de l'Ancien et du Nouveau Monde. Les plus nombreuses espèces

8. Description du crâne du perroquet : 1 — mandibule supérieure, 2 — cavité nasale, 3 — cavité oculaire, 4 — os frontal, 5 — os pariétal, 6 — os occipital, 7 — quadratum, 8 — os quadrato-jugal, 9 — os articulaire.

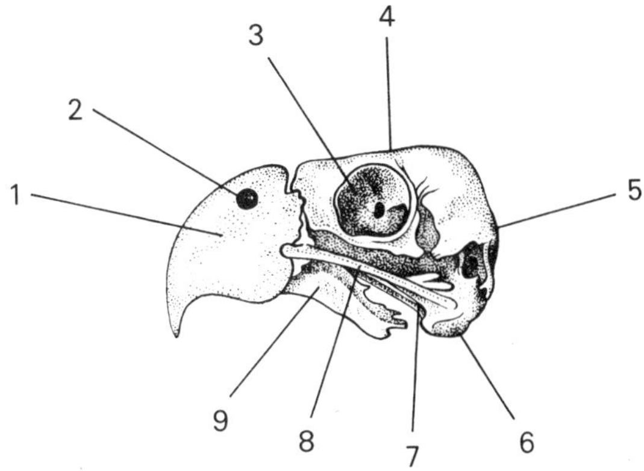

vivent en Amérique du Sud, dans les régions orientales de l'Australie, et déjà moins en Asie méridionale et en Afrique.

Un signe anatomique important des Psittacidés est un crâne relativement grand avec un bec gros et fort, pareil à celui des rapaces (8). La mandibule supérieure est non seulement crochue, avec la pointe dépassant la mandibule inférieure, mais encore elle est rattachée au crâne d'une façon qui lui laisse toute mobilité et lui permet de se relever. Le bord arrondi de cette mandibule s'encastre dans une rainure des os du front. A l'intérieur, elle est garnie de dentelures de corne qui lui servent non seulement à broyer les aliments mais aussi à aiguiser la partie coupante de la mâchoire inférieure. La langue, molle et musclée, est un organe du toucher très sensible, elle sert à l'oiseau à saisir les aliments et à les lécher. Chez certaines espèces, cette langue est recouverte d'une couche cornée, chez d'autres espèces de petits pinceaux de papilles gustatives poussent sur la langue. Deux doigts (le deuxième et le troisième) sont dirigés vers l'avant, et deux vers l'arrière (le premier et le quatrième). Cela permet aux Perroquets non seulement de bien grimper mais surtout de tenir la nourriture ou de la porter à la bouche. Chez les Psittacidés, les glandes uropygiennes sont peu développées, ou elles manquent complètement. C'est pourquoi ils n'oignent pas leur plumage mais se «poudrent». Leur duvet, qui est très développé, se pulvérise en d'innombrables petites particules qui empêchent l'eau de parvenir jusqu'à la peau de l'oiseau.

Les Psittacidés sont des oiseaux sociables, ils nichent certes en couples séparés, mais en dehors de la saison des nids ils se rassemblent régulièrement en grandes bandes. Ils ne sont migrateurs que tout à fait exceptionnellement. Les liens conjugaux d'un mâle et une femelle durent le plus souvent toute la vie. Les Psittacidés, pour la plupart, nichent dans les trous d'arbres, certains nichent au sol et d'autres, exceptionnellement, dans les termitières. Une seule espèce (le Perroquet-moine) se bâtit un nid. Les grandes espèces ne nidifient qu'une seule fois par an et leur couvée est ordinairement de deux œufs. Les petites espèces nichent deux à trois fois l'an, et la ponte est de 6 à 8 œufs. Les Psittacidés se nourrissent de toutes espèces de végétaux, boutons de fleurs, fruits d'arbres et de buissons, bulbes, et éventuellement d'insectes et leurs larves. Entre tous les oiseaux, ce sont les Psittacidés qui ont le cerveau le plus développé. Ils sont capables de se rappeler des dizaines de mots, souvent même des phrases entières qu'ils apprennent à rattacher à certaines situations. Ils ne sont cependant pas capables d'en comprendre le sens. Pour toutes leurs qualités positives, leur beauté et leur intelligence, les Psittacidés sont sans doute les oiseaux les plus appréciés par l'homme.

Ordre : *Passeriformes*

Le nombre d'espèces de Passériformes est beaucoup plus élevé que celui de toutes les autres espèces d'oiseaux réunies. C'est pourquoi nous avons introduit dans cet ouvrage des espèces de diverses familles : Timaliidés *(Timaliidae)*, Thraupidés *(Thraupidae)*, Coeribidés *(Coerebidae)*, Fringillidés *(Fringillidae)*, Plocéidés *(Ploceidae)*, Astrildidés *(Estrildidae)*, Turdidés *(Turdidae)* et Sturnidés *(Sturnidae)*. Tous les Passériformes ont une identique construction anatomique du corps, remarquable par une disposition spéciale des os du crâne, un même nombre de vertèbres du cou et quatre doigts aux extrémités postérieures. La glande uropygienne est toujours développée et recouverte de plumes. L'appendice est complètement atrophié. Trois doigts de la patte sont dirigés vers l'avant (le deuxième, le troisième et le quatrième) et un seul vers l'arrière (le premier). Seules quelques espèces peu nombreuses ont du duvet. Les Passereaux sont pour la plupart d'admirables voiliers, et nombreux sont ceux qui, en hiver, entreprennent des migrations vers des régions plus favorables quant au climat et à la nourriture. Le poids des Passereaux est très variable d'une espèce à l'autre, allant de 4 g à 1700 g. Ils installent leur nid au sol, dans des broussailles, ou sur les arbres, dans les trous, les rochers, les terriers. Les œufs sont soit unicolores soit tachetés. La couvaison dure de 11 à 21 jours à l'exception du Ménure superbe *(Menura novaehollandiae)* qui couve pendant 42 jours. Les jeunes Passereaux naissent complètement aveugles et nus (encore à l'exception du Ménure). Tous les Passereaux sont nidicoles, ce qui veut dire que les parents leur apportent la nourriture dans le bec. Tous, ils ont une excellente vue, ce qui est leur meilleur atout dans la recherche de la nourriture. Beaucoup se nourrissent exclusivement d'insectes, d'autres de végétaux, et d'autres encore ont une alimentation mixte. La plupart des espèces chantent très bien et l'organe de la voix est construit sur un même modèle chez la plupart de ces oiseaux chanteurs. Pour leurs vives couleurs, la facilité d'alimentation et d'élevage, les oiseaux chanteurs comptent parmi les favoris des éleveurs. Les plus souvent gardés sont les Astrildidés, les Fringillidés, les Turdidés et les Sturnidés.

Hygiène animale et assistance vétérinaire dans l'élevage des oiseaux

Même s'il est très bien soigné, il arrive qu'un oiseau tombe malade. Il faut alors lui prodiguer des soins médicaux, et comme nous ne pouvons nous-mêmes reconnaître de quelle maladie il s'agit, il faut évidemment nous adresser à un vétérinaire spécialiste des maladies des oiseaux. Mais, pour un éleveur, le plus important est encore de prévenir la maladie. Un élément de protection est la mise en quarantaine des oiseaux récemment acquis, une parfaite hygiène et la désinfection des installations, une découverte rapide de la maladie et l'isolement immédiat de l'oiseau atteint. Si l'on veut posséder un élevage en bon état de santé, il faut systématiquement veiller à l'ordre, la propreté des cages et volières, en en éliminant régulièrement tous les détritus et restes de nourriture. On procèdera à des désinfections préventives. Tous les espaces, tous les instruments seront nettoyés et désinfectés, tous les récipients d'usage courant seront passés à des produits désinfectants d'usage courant. En ce qui concerne ces produits il faut toujours bien observer le degré de concentration indiqué, le mode d'emploi, quand et comment répéter les désinfections, le temps que dure l'effet produit. La gelée tue elle aussi beaucoup de microbes pathogènes. Pour les plats à nourriture qui ne se déforment point à haute température, on les fera bouillir de 30 à 60 minutes. Tous les éléments de béton de la volière pourront être passés à la flamme. On laissera le feu agir sur les endroits traités environ 30 secondes.

Si l'on manque d'expérience, il se peut que l'on ne s'aperçoive pas qu'un oiseau est tombé malade. Mais si l'on constate qu'il a les plumes hérissées, l'œil terne, qu'il ne chante pas, qu'il dort souvent, se souille le plumage, qu'il reste près de sa mangeoire et ne mange point, il faut tout de suite l'isoler et le placer dans une cage-infirmerie. Isoler à temps un oiseau malade est de la plus haute importance. La cage-infirmerie (9) sera du type caisse, avec la paroi antérieure en verre et des ouvertures d'aération dans le haut. La grandeur de la cage correspondra à la taille de l'oiseau qui doit avoir la possibilité de s'y retourner. Sous le fond d'asbeste de la cage on placera 2 ou 3 faibles ampoules (ce qui est plus favorable pour la répartition de la chaleur qu'une

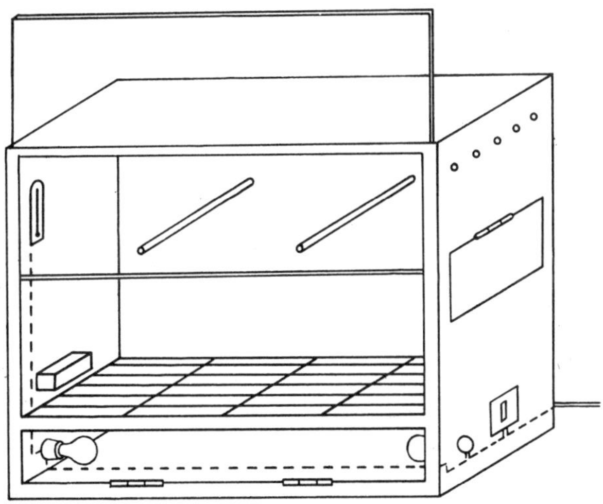

9. Cage pour oiseaux malades.

seule ampoule plus puissante) qui porteront la température de la cage à 35–40° C. Une humidité de l'air suffisante a aussi son importance. On suspendra donc dans la cage du papier filtre humide ou un bout de chiffon mouillé, éventuellement on pourra aussi placer un petit récipient contenant de l'eau à évaporer au-dessus de l'une des ampoules.

En général, un oiseau malade n'accepte pas la nourriture, ou alors en très petites quantités, il faut cependant qu'il en trouve toujours à sa disposition. La nourriture doit être facile à digérer, on ne donnera donc ni verdure ni mélange à l'œuf. Pour boire, on offrira de l'infusion de camomille ou du thé. Par l'isolation de l'oiseau dans une cage infirmerie et le réglage du régime thermique, on crée les conditions d'une meilleure observation de l'oiseau malade et de l'établissement d'un diagnostic. Pour ce faire, il est souvent indispensable de procéder à une analyse parasitologique et bactériologique des fientes. A titre préventif, on fera d'ailleurs analyser les fientes de tous les oiseaux deux fois l'an. Sans savoir comment soigner l'oiseau malade, on s'adressera sans tarder à un vétérinaire spécialisé pour les oiseaux. Une fois le diagnostic établi, on commencera sans délai le traitement.

Donner un aperçu exhaustif des maladies des oiseaux et la manière de les soigner échappe aux possibilités de cet ouvrage. Nous nous limiterons donc aux cas les plus fréquents et les plus importants.

Maladies parasitaires

Elles sont souvent cause de dépérissement. Pour peu que s'établisse un certain équilibre entre l'hôte et le parasite, les signes de la maladie sont difficiles à reconnaître. Un oiseau plus fortement assailli est indolent, il reste tristement tapi et remue très peu.

Les *endoparasites* vivent dans les organes des oiseaux. Le vétérinaire découvrira des œufs d'endoparasites chez les oiseaux atteints par l'examen microscopique de leurs fientes. Il s'agit de diverses espèces d'ascarides *(Ascaris, Capillaria* et *Heterakis).* Les ascaris et les capillaires vivent dans l'intestin grêle, les capillaires peuvent également se trouver dans le gosier et le jabot. La dose de médicament à administrer sera adaptée à la taille de l'oiseau, et il faudra à ce sujet consulter le vétérinaire. Contre les ascarides il existe plusieurs médicaments comme le Tasnon (produit par Tropenwerke) et l'Uvilon (produit par Bayer). Une préparation de Panacur et Concurat – L 10 % fera merveille. On administre le Concurat dans l'eau (un sachet par litre) que l'on donne à boire pendant cinq jours. Toutefois ce sera plus efficace de verser le médicament directement dans le bec de l'oiseau avec un compte-gouttes ou, mieux encore, avec une petite seringue munie d'un mince petit tuyau de caoutchouc, directement dans le jabot. Le Telmin est un bon produit contre les ascarides et les capillaires. On l'administre *per os* en doses de 100 à 200 mg/kg de poids vivant (donc par la cavité buccale) pendant trois jours. On peut mélanger le Telmin à la nourriture, au mieux dans la pâtée à l'œuf, à raison de 300 à 400 mg/kg de nourriture, pendant 7 jours. Contre les capillaires et les ascarides nous recommandons le Dekelmin, qui sera dosé à 2,5 ml par litre d'eau. On donnera cette dissolution à boire en la laissant à la disposition des oiseaux, dans la cage, pendant 24 heures. Les œufs des parasites seront efficacement détruits par l'Eimeran à raison de 1 litre pour 20 litres d'eau, et que l'on donne à boire aux oiseaux pendant 4 jours. Après avoir détruit les parasites, on désinfectera à fond les cages pour tuer tous leurs œufs qui se trouvent sur le plancher et les parois. On changera tous les perchoirs, les mangeoires et abreuvoirs. On recommencera ces soins au bout de trois semaines, en prenant toujours conseil du vétérinaire. Après six semaines de ces opérations curatives, on reprocèdera à une analyse des fientes des oiseaux malades, afin de s'assurer s'ils sont bien débarrassés de leurs parasites.

Les *ectoparasites,* ou parasites externes, vivent sur la peau, dans la peau ou dans les plumes des oiseaux. Les oiseaux atteints sont inquiets, anémiques, ils maigrissent, dépérissent et dans les cas les plus graves, périssent. Les plus courants des ectoparasites sont les tiques *(Acari)* et les poux *(Mallophaga).*

Le dermanysse *(Dermanyssus)* est un petit acarien de quelque 0,6 mm qui se nourrit du sang des oiseaux pendant la nuit, et se cache pendant le jour dans les fentes de la cage. On s'assurera aisément de la présence de ces poux en couvrant la cage, pendant la nuit, d'une grande toile blanche. Le matin venu, on y trouvera des poux, comme de minuscules taches rouges. Les poux peuvent être porteurs de maladies infectieuses. On lutte contre eux avec des insecticides comme le Glutox dont on saupoudre plusieurs fois toutes les installations, les murs et le plancher, voire l'oiseau lui-même.

Le lupus *(Cnemidocoptes)* attaque les pattes, le bec et les alentours du cloaque des oiseaux. Sur ces parties du corps apparaissent alors de petites formations spongieuses et croûteuses, comme du mortier à la chaux. Les endroits atteints seront enduits d'huile d'olive ou du produit Bayer «Odylen». On recommencera l'opération tant que les signes de maladie n'ont pas disparu.

Les poux des oiseaux *(Mallophaga)* se nourrissent des plumes et des pellicules de la peau des oiseaux. Ils restent en permanence sur leur hôte. En cas de forte attaque, on peut en voir les lentes, à l'extrémité des petites plumes. Un excellent produit contre ces parasites est le Mafu-Strip de Bayer, qui détruit œufs et poux. On suspend des bandes de ce produit dans les lieux habités par les oiseaux, et elles sont actives pendant quatre mois. Ni les oiseaux ni la nourriture ne peuvent entrer en contact avec ces bandes.

Maladies de l'appareil digestif

Ce sont sans doute les plus fréquentes chez les oiseaux. La cause en est une erreur dans l'alimentation, surtout à partir d'aliments avariés, d'apports étrangers dans l'alimentation ou d'un changement brusque de régime, etc.

En cas *d'inflammation du jabot,* cet organe est visiblement enflé, au toucher il est mou comme un chiffon. Souvent l'oiseau malade vomit le contenu glaireux de son jabot, ou toutes les graines non digérées. Il faut vider le jabot par des massages répétés d'un jour à l'autre. On nourrira l'oiseau atteint d'aliments légers et on lui donnera à boire une infusion de camomille.

Un *jabot engorgé* (dur) est rempli de matières non digérées et non digestibles. Il est gonflé, et dur au toucher. Dans les cas bénins on recommande la diète, et quelques gouttes d'acide chlorhydrique dans l'eau de boisson, l'instillation de quelques gouttes d'huile de paraffine dans le bec et des massages très doux du jabot. Dans les cas plus graves, une intervention chirurgicale du médecin sera nécessaire.

L'inflammation de l'intestin et de l'estomac se manifeste par la diarrhée, et tous les signes habituels de maladie : indolence, somnolence, plumes hérissées, manque d'appétit. Dès que l'on constate cette maladie, on stoppe immédiatement l'alimentation par la verdure et les fruits, on remplace l'eau à boire par une infusion de camomille. On installe les oiseaux malades dans une cage-infirmerie où on élèvera la température à quelque 30° C. On donnera seulement des graines à manger, en les mélangeant avec de petites doses de charbon médicinal (Carbovent, Ostakol, Citrocarbon, Carbontox). S'il s'agit d'insectivores, on les nourrira pendant ce temps-là d'une quantité minimum d'une nourriture de base avec adjonction de charbon médicinal. Si l'état des oiseaux ne s'améliore pas, on leur administrera des sulfamides ou des antibiotiques, toujours suivant l'avis du vétérinaire.

Troubles de l'assimilation

La goutte est le plus grave des troubles de l'assimilation dont peuvent souffrir les oiseaux. La cause en est une alimentation unilatérale, limitée surtout aux albuminoïdes, et l'inflammation des reins avec des troubles urinaires. Les articulations des extrémités durcissent, elles sont raides et douloureuses. Un bon traitement sera un régime sans albuminoïdes et avec beaucoup de verdure. On mettra dans l'eau à boire du bicarbonate de soude *(Natrium bicarbonicum)* concentré à 1 g pour 100 ml d'eau. On massera les extrémités avec un onguent salicylique ou de la glycérine iodée.

L'arrachage des plumes est non seulement un désagréable défaut du point de vue esthétique, c'est aussi un signe de maladie. Les causes peuvent être multiples — insuffisance de certaines matières nutritives, alimentation inadéquate, ennui, air trop sec, instinct sexuel non satisfait. Une alimentation bien équilibrée, une quantité suffisante de vitamines, de matières minérales et d'albuminoïdes, chez certains oiseaux mêmes une «occupation», peuvent souvent venir en aide. Dans les troubles de l'assimilation on obtient un certain succès en donnant deux à trois fois par semaine du Perositan, sur la pointe d'un couteau, mélangé à la nourriture molle.

L'insuffisance en vitamines (avitaminose) résulte d'une alimentation impropre, unilatérale, pauvre en vitamines. Il existe tout une série de types d'avitaminose, et tout autant de préparations vitaminées que l'on peut donner aux oiseaux qui en manquent. Citons par exemple le Melodyno, le Plumogen et autres. Avant tout, on veillera à offrir aux oiseaux une alimentation naturelle riche en vitamines.

Croissance anormale des ongles et du bec

Elle survient souvent chez les oiseaux âgés. Un perchoir plus fort et rugueux peut fournir ce dont l'oiseau a besoin. Pour qu'il puisse aiguiser son bec, on lui donnera des pierres calcaires ou autres que l'on achètera chez un spécialiste. En cas de nécessité, on coupera le bout des ongles et du bec avec de petits oiseaux bien aiguisés, et on limera les ongles.

Index des noms français

Index des noms latins

Table